L. v. Winterfeld-Platen

Das Lied von der blauen Blume

Leontine von
Winterfeld-Platen

Das Lied von der blauen Blume

OTTO BAUER VERLAG STUTTGART 75

ISBN 3-87047-064-X
Bearbeitete Neuausgabe 1. – 4. Tausend · 1989

Umschlag: Siegfried Bauer
Satz: Ailinger, Schlierbach
Druck und Bindearbeiten: Ebner Ulm
Printed in Germany

Sie hatte ihren großen Hut mit den blaßrosa Bändern neben sich auf die weiße Gartenbank gelegt. Das helle, duftige Stoffkleid, das den schöngeformten Hals und die weichgerundeten Arme frei ließ, war dicht unter der Brust mit einer rosa Schärpe verziert und floß weich bis zu den Knöcheln herab. Es zeigte unter seinem mit feiner Rüsche besetzten Saum zwei zierliche, ausgeschnittene Lackschuhe, deren schmale Bänder kreuzweise über dem hohen Spann verschnürt waren. Mit den langen, schmalen, ringlosen Händen ordnete sie ihre schwarzen, seidigen Haare oben am Hinterkopf als Krönchen und rechts und links über beiden Ohren als weiche, flache Schnecken. Die langen schwarzen Wimpern waren gesenkt, rosig ihre Wangen. So stand sie vor dem weißen ovalen Gartentisch unter den alten, breitästigen Kastanien. Vor ihr auf dem Tisch lagen Berge von leuchtend bunten Astern, die sie eben aus dem Küchengarten geholt hatte und auf die die Herbstsonne, die durch die braungelben Kastanienblätter flimmerte, schimmernde Lichtreflexe sprenkelte, daß es dunkelviolett und purpurn, weiß und rosenrot aufblitzte.

Es war still um Sabine Wart, nur von Zeit zu Zeit fiel von den Kastanien raschelnd ein trockenes Blatt auf die sauberen Wege oder den kurzgeschorenen grünen Rasen. Am Ende der Kastanienallee schimmerten zwischen den dicken Stämmen die weißen Mauern des alten, einstöckigen Herrenhauses, dessen Giebel wie in Flammen standen, wenn die Sonne gerade auf den purpurnen wilden Wein brannte, der sich bis zum Dach hinauf in leuchtenden Bändern schlängelte. Das Haus lag etwas erhöht und hatte vor dem Eingang eine kleine Terrasse, deren gußeisernes Geländer ebenfalls mit rotem Wein durchwachsen war, und auf der wieder ein weißer ovaler Tisch und weiße gradlehnige Bänke standen. Von hier tönte jetzt ein leises Klappern herüber, denn ein greiser Diener begann den Tisch zum Nachmittagstee zu decken. Und als sei es nun mit der Stille ringsum endgültig vorbei, tönte die Turmuhr überm Hof viermal, und jenseits des Gartens hörte man Hufschlag, als wenn mehrere Reiter kämen.

In Sabines Wangen stieg ein feines Rot. Sie machte sich mit den Blumen zu schaffen und rief zum Haus hinüber: „Ach, Anton, bringe bitte die beiden großen Vasen.“

Geschäftig holte der Diener das Gewünschte

herbei und stellte die gläsernen Schalen vor Sabine auf den weißen Tisch.

„Die Demoiselle muß sich wohl ein bißchen beeilen. Ich höre die Herren schon kommen. Und der Herr Major ist auch noch nicht geweckt.“

Sabine lachte und steckte eine Blume nach der anderen in die Schalen.

„Da kann ich nun den Herren nicht helfen, Anton. Warum kommen sie so überpünktlich? Aber ich bin gleich fertig!“

Der Diener ging, um das Teewasser zu holen, und auf die Terrasse trat, wie ein Abbild von Sabine, ihre ältere Schwester, Frau von Trach. Nur war alles, was bei Sabine schwarz war, bei ihr goldblond, Haare, Augenbrauen, Wimpern; und was an Sabines Kleid und Hut blaßrosa war, war bei ihr hellblau. Sie beugte sich über die Brüstung und rief laut in den Garten: „Sabine! Sabine!“

Die nahm eilig eine der Schalen, die sie nun mit den bunten Astern gefüllt hatte, behutsam in beide Hände und kam so die Allee entlang, auf die Terrasse zu. Da öffnete sich die große Glastür, und drei Herren, in der Uniform der Schillschen Husaren, kamen aus dem Haus auf die Veranda. Es waren junge, schlanke Gestalten. Der eine, Graf Folken, trug den linken Arm in der Binde, der seit dem vorigen Jahr, als ihm bei der Verteidigung Kolbergs eine französische Kugel den Ellbogen zerschmettert hatte, gelähmt war.

Da Schill mit dem aus seinem ehemaligen Freikorps gebildeten Husarenregiment in Berlin stand, und der junge Wart als Leutnant dort übergetreten war, sah man die Herren jetzt sehr häufig in Alt-Reckow, das nur zwei Stunden von der Hauptstadt des einst so mächtigen, jetzt in den Staub getretenen Königreichs Preußen entfernt lag.

Nachdem die drei Offiziere Frau von Trach die Hand geküßt und sich nach ihrem Befinden erkundigt hatten, wandten sie sich Sabine zu, um auch diese zu begrüßen.

Sie kam gerade mit der schweren Vase in beiden Händen die Treppe zur Terrasse herauf.

„Einen Augenblick", lachte sie, „ich will nur erst die Blumen abstellen, vorläufig habe ich keine Hand frei. Danke schön, Graf Folken, Sie können sie doch nicht mit einer Hand halten."

Sie stellte die asterngeschmückte Schale mitten auf den weißgedeckten Tisch zwischen die zierlichen Porzellantassen und Kuchenteller. Dann reichte sie jedem freundlich die Hand. Frau von Trach machte sich an der kupfernen Teemaschine zu schaffen. Die blechernen, einfachen Löffelchen auf dem schneeweißen Damasttuch und dem feinen, mattbunten Porzellan wirkten eigentümlich. Silber war in dieser schweren Zeit nach Berlin gegeben worden. Hatte doch der König selber sein goldenes Tafelgeschirr und alles Silber in Holland für 1,5 Millionen verkauft, um die Kriegssteuern bezahlen zu können.

Jetzt trat aus der Glastür auch Baron von Wart auf die Veranda hinaus. An der Ähnlichkeit mit seiner Tochter Sabine hätte man ihn sofort erkennen müssen. Nur waren bei ihm alle Linien härter, schärfer, wie gemeißelt. Seinen dunklen Kopf, auf dem sich noch nicht ein einziges graues Haar zeigte, trug er ein wenig gebeugt, so, als läge eine unsichtbare Last auf ihm. Das war allmählich so gekommen, nach der Nachricht von der Schlacht bei Jena. Er litt schwer unter Preußens Schmach. Wenn er geschäftlich in Berlin zu tun hatte, was öfter der Fall war, machte er jedesmal einen Umweg, um nicht das Brandenburger Tor passieren zu müssen, wo seit dem Oktober 1806 das Viergespann mit der Siegesgöttin fehlte.

Es war dasselbe Jahr gewesen, in dem er Witwer wurde und allein mit seinen drei Kindern zurückblieb. Ferdinande Trach, seine Älteste, war schon seit sieben Jahren in Pommern verheiratet. Sie war augenblicklich mit ihren Kindern bei dem Vater in Alt-Reckow zu Besuch. Dann kam Jürgen, der seit kurzer Zeit in Schills Regiment eingetreten war, und endlich Sabine, sein Liebling und Nesthäkchen. Die Wirtschaft führte seine unverheiratete Schwester, im ganzen Haus nur „Tante Neldchen" genannt. Sie hieß eigentlich Thusnelda.

Baron Wart, der nun doch auch schon Anfang

der Fünfziger war, hatte aber noch einen Vater. Und das war eine wichtige Persönlichkeit in Alt-Reckow, der sogenannte „alte Herr Major".

Er war eine eigentümliche Erscheinung, wie ein lebendig gewordenes Ahnenbild aus der Zeit Friedrichs des Großen. Er ging nie anders als in Zopf und Perücke, Schnallenschuhen, buntseidenem Frack im Schnitt der Mode von 1750 und spitzengefälteltem Jabot. Er war im Frühling achtzig Jahre alt geworden und noch wunderbar munter und rüstig. Preußen, wie es jetzt war, kannte er nicht. Er hatte unter den glorreichen Fahnen Friedrichs des Großen gefochten, den siebenjährigen Krieg von Anfang bis zu Ende mitgemacht, war bei Kunersdorf schwer verwundet und bei Leuthen vom alten Fritz selbst auf dem Schlachtfeld dekoriert worden. Er verstand die neue Zeit nicht, er wollte sie nicht verstehen. Niemand durfte in seiner Gegenwart von Preußens jetziger Lage sprechen oder es auch nur wagen, den Namen Napoleons in den Mund zu nehmen. Er wollte nichts mehr von dem Verlauf der Kriege da draußen in Europa wissen, von dem unaufhaltsamen Siegeszug, den Bonapartes Armeen täglich zurücklegten.

Er lebte mit seinen Erinnerungen, in einem großen, hellen Zimmer nach dem Garten hinaus. Stiche von Schlachtszenen und Bilder der Generäle Friedrichs des Großen schmückten die blaugestrichenen Wände. Hier saß er mit seiner Tabakspfeife und seinem Krückstock in dem hochlehnigen Polstersessel am Fenster und starrte in den herbstlichen Garten hinaus, in dem schon leise und allmählich die gelben und roten Blätter zu fallen begannen. Zu seinen Füßen lag sein lahmer, halbblinder Windhund Kleopatra, der noch von Friedrichs des Großen Windhunden abstammen sollte.

Durch die Kastanien schien golden die Abendsonne und warf grelle Streifen auf die blaue Wand seines Zimmers und die schmalen goldenen Rahmen seiner Stiche. Er war ein wenig eingenickt und träumte von der Schlacht bei Prag und wie Schwerin fiel.

Da klopfte es leise an die Tür.

Kleopatra sah auf und knurrte. Sabine streckte ihren Kopf herein, schloß aber sogleich geblendet die Augen, weil die leuchtende Abendsonne ihr so grell hineinschien.

„Du schläfst doch nicht, Großväterchen? Ich wollte nur fragen, ob Du vielleicht noch Tee möchtest?"

Sie war jetzt ganz hereingeschlüpft und beugte sich fragend über seinen Lehnstuhl.

Seine zitternde Hand fuhr liebkosend über ihren bloßen Arm.

„Nein, Sabinchen, ich danke dir, mein Kind. Aber du kannst Jürgen einmal zu mir hereinschikken, ich möchte noch mit ihm durch den Garten gehen, ehe es ganz dämmrig wird."

Sie nickte und ging, um ihren Bruder zu holen.

Auf der Terrasse, wo man noch teetrinkend und rauchend beisammensaß, hatte sich währenddessen ein lebhaftes Gespräch entwickelt. Man war ja im Jahre 1808, und die Erhebung Spaniens und Portugals war in diesen Tagen in aller Munde. Graf Folken hatte die neueste Ausgabe der Vossischen Zeitung aus Berlin mitgebracht und las den andern einen langen Artikel über die Belagerung von Saragossa vor, das der kühne José de Palafox so heldenmütig verteidigte, bis die Franzosen am 14. August die Belagerung aufheben mußten.

„Und mit Portugal wird es ebenso gehen", rief der junge Jürgen Wart mit leuchtenden Augen.

„Jetzt, wo England die Hand reicht, muß ja Frankreich da unten zurückweichen."

Graf Folken nickte.

„Es geht das Gerücht um, daß am 20. August Wellesley (der spätere Herzog von Wellington) Junot in der Nähe von Lissabon geschlagen hat. Dann muß Junot kapitulieren."

„Und damit würde Portugal frei von der französischen Herrschaft."

Der Baron seufzte, es lag wie Neid in seinen Augen. Die drei jungen Husaren reckten sich, und der kleine blonde Leutnant von Katte meinte: „Wenn wir nur auch erst so weit wären!"

Er hatte ausgesprochen, was alle dachten. Da trat Sabine leise zu ihrem Bruder:

„Jürgen, du möchtest doch einmal zu Großvater kommen."

Hand in Hand gingen die Geschwister davon. Folkens Blick ruhte bewundernd auf Sabines zarter, schlanker Gestalt, wie sie so unbeschwert an ihres Bruders Arm ging und neben ihm ins Haus hüpfte, fast wie ein übermütiges Kind.

Der Baron schlug jetzt einen Spaziergang durch Hof und Garten vor, und langsam stiegen die Herren die steinernen Stufen der Terrasse hinab, wobei die Sporen an ihren Reitstiefeln ganz fein und leise klirrten. Frau von Trach war ins Haus gegangen, um sich nach ihren Kindern umzusehen, die irgendwo einen Höllenlärm vollführten. Als Sabine nach einer Weile wieder auf die Terrasse trat, war diese leer, nur Anton war noch damit beschäftigt, den Tisch abzuräumen. Sie lief schnell in den Garten hinab, um die letzten Astern von dem weißen Tisch zu holen und sie noch ins Wasser zu stellen. Dabei sang sie leise trällernd vor sich hin und versuchte, einen großen gelben Schmetterling zu fangen, der in der Kastanienallee immer gerade vor ihr herflog. Da rollte ein Wagen über das Pflaster. Sie hob lauschend den Kopf.

„Ob Heinz schon von Magister Fidelius zurück ist? Es ist doch noch gar nicht sechs Uhr?"

Wie der Wind war sie um das Haus herum, um zu sehen, wer da vorgefahren war.

Richtig, der Knecht Krischan mit den Füchsen

und Ferdinande Trachs Ältester, Heinz, neben ihm auf dem Bock, Zügel und Peitsche stolz in der Hand. Im Wagen aber saßen noch zwei. Sabine kam langsam neugierig näher, die Astern noch halb vergessen in der rechten Hand haltend.

Mit einem großen Satz sprang hinten, in Jagdanzug, hohen Stiefeln und verknittertem Filzhut, den Hund an der Leine, ein langes Etwas aus dem Wagen.

„'n Abend, Kinder! Kann ich 'n bissel hierbleiben? Traf gerade den Wagen mit den beiden, und da bin ich mit hierhergefahren."

Frau von Trach war auch vor die Haustür getreten und streckte dem Angekommenen lächelnd beide Hände entgegen.

„Wie nett, Hans, Vater wird sich freuen, dich wiederzusehen."

Er küßte ihr galant die Hand. Dann drehte er sich schnell auf dem Absatz herum, denn er hatte Sabine hinterm Wagen stehen sehen.

„'n Abend, Kusinchen! Nein, siehst du wieder süß aus! Hierher Hektor, pfui, kusch dich."

„Da sitzt ja noch jemand im Wagen!" Ferdinande Trach schlug erstaunt die Hände zusammen.

„Aber lieber Magister, warum kommen Sie denn nicht herunter? Die Pferde drängen schon zum Stall. Na, Heinz, kannst du sie noch halten?"

Ihr strohblondes Söhnchen auf dem Bock drehte lachend den Kopf.

„I, Mutter, allemal! Aber der Herr Magister will gar nicht hier bleiben, der will gleich zu Fuß wieder zurück.“

Der Magister, ein kleiner, grauhaariger Mann mit traurigem Gesicht, stand mit einem Fuß auf dem Trittbrett und überlegte, was er tun sollte.

„Ich wollte doch nur die schöne Gelegenheit benutzen und eine kleine Abendspazierfahrt machen, gnädige Frau. Heinz hat mich nicht eher aussteigen lassen, ganz gegen meinen Willen bin ich hier.“

„Gegen Ihren Willen? Aber das wollen wir doch nicht hoffen, Herr Magister. Jedenfalls bleiben Sie nun mit Ihrem Willen gemütlich bei uns zum Abendbrot, ja? Bitte, bitte, keine Absage!“

Die hübsche, schlanke Frau von Trach streckte dem kleinen, schüchternen Mann ihre Hand hin, so daß er wohl oder übel einschlagen mußte, und sich nun umständlich bequemte, vom Wagen zu steigen.

„So, lieber Magister, nun keine Entschuldigungen mehr. Papa wird sich freuen, und nach dem Abendbrot begleiten wir Sie dann alle durch die Felder wieder in die Stadt zurück.“

Sie ging mit ihm die Treppe hinauf, während Sabine sich mit ihrem Vetter in den Garten hinaus wandte. Der Vetter hieß Hans Lenchow und war ein echter, rechter märkischer Großbauer, blondhaarig, blauäugig, braungebrannt. Er lernte auf einem Gut Landwirtschaft und war nebenbei ein eifriger Jäger. Er und Sabine kannten sich von Kind an und waren unzertrennliche Freunde.

Dann aßen alle zusammen Abendbrot in der großen Halle unten, wo die dunklen Ahnenbilder an den weißen Wänden hingen. Sabine saß zwischen Folken und Hans Lenchow, und ihr helles, lustiges Lachen klang hier und da wie befreiend durch das ernste Gespräch der Männer. Die Fenster zum Garten standen weit offen, denn es war ein so schöner, milder Septemberabend, und jedesmal, wenn die Tür aufging, flackerten die hohen Kerzen im Luftzug. Später saß man noch ein wenig auf der Terrasse zusammen, der Mond ging eben auf, um den Giebel schwirrten die Fledermäuse. Sabine kehrte noch einmal ins Eßzimmer zurück, um den warmen Schal zu holen, der über ihrer Stuhllehne hing. Da sah sie Graf Folken vor den dunklen, alten Bildern stehen, die gesunde Hand auf dem Rücken, wie es schien, tief in die Betrachtung der Wartschen Ahnen versunken. Als Sabine hereinkam, wandte er langsam den Kopf, die flackernden Kerzen auf dem Tisch warfen den Schatten seines scharfen Profils auf die weiße Wand.

Sabine hüllte sich in ihren Schal.

„Wollen Sie hier den ganzen Abend so stehen bleiben, Graf Folken?“

Sie hatte den Kopf ein wenig auf die Seite geneigt, und in ihren Augen stand der Schelm. Er kam langsam auf sie zu.

„Wenn Sie es wünschen, gehen wir noch ein wenig in den Garten, ja?"

Sie nickte eifrig.

„Ach ja, gerne, der Mond ist gerade eben aufgegangen."

Er lächelte.

„Gehört das unbedingt dazu?"

Sie sah ihn etwas verlegen von der Seite an, und meinte dann leise:

„Die Dichter finden das doch immer so poetisch."

Jetzt lachte er laut und herzlich.

„Und darum meinen Sie, jeder andere müßte das notgedrungen auch finden? Wissen Sie, ich kann nur sagen, für meinen Geschmack ist goldener Sonnenschein oder heulender Sturmwind gleichermaßen schön."

Sie waren jetzt in die Kastanienallee gekommen und gingen hier langsam auf und ab.

Aber sie war in Gedanken schon wieder bei einem anderen Thema.

Er blieb stehen.

„Sie sind so still. Sind Sie mir böse?"

Da streckte sie ihm auch schon die Hand hin.

„Aber nein, Graf Folken! Ich dachte nur eben daran, daß jetzt alle Menschen so traurig sind, wegen der politischen Verhältnisse und der siegreichen Franzosen, da muß man zwischendurch doch noch schnell ein bißchen lustig sein, nicht?"

Er faßte weich ihre kleine, warme Hand.

„Schnell ein bißchen lustig sein – ja, wer das immer so könnte! Das Leben ist jetzt so ernst, Fräulein Sabine."

„Aber es kann doch auch wieder froh und hell werden. Ebenso wie die Spanier und Portugiesen sich jetzt von Frankreich befreien, so kann Preußen das doch auch bald tun, nicht?"

Er ließ ihre Hand los, seine Gestalt straffte sich.

„Das weiß Gott allein."

Damit gingen sie langsam zu den andern zurück.

Die beiden kleinen ältesten Trachs, Heinz und Eva, waren noch auf.

Sie flogen jubelnd auf Sabine zu.

„Tante Sabine, Tante Sabine, wir haben dich überall gesucht. Wir dürfen noch einmal Kahn fahren, im Mondschein, denke nur, Mama hat es eben erlaubt. Komm schnell mit, Onkel Hans will rudern."

Der lebhafte sechsjährige Heinz hing sich schmeichelnd an Sabines Arm. Leise bittend trippelte sein Zwillingsschwesterchen Eva zum alten Magister Fidelius, der hinter seinem Glas Rheinwein saß.

„Onkel Magister, du mußt auch mit, ja? Du hast mir immer noch nicht das Märchen erzählt, was du mir versprochen hast, weißt du, das mit der blauen

Blume. Das mußt du nun im Mondschein auf dem See tun."

„Muß ich?" lächelte der Magister und strich der Kleinen liebkosend über den blonden Lockenkopf. Der lustige Hans Lenchow drängte: „Schnell, Kinder, eh' ihr zu Bett müßt!"

Da drehte sich Sabine zu Graf Folken herum.

„Kommen Sie auch mit? Im Boot ist Platz genug."

Er beugte sich lächelnd zu ihr und sagte leise: „Ich dachte, e i n Magister wäre dabei genug. Aber wie Sie befehlen."

Lachend liefen die Kinder über den Rasen, Sabine hatten sie zwischen sich. Unten, wo die lange Kastanienallee zu Ende ging, grenzte der große See an den Garten. Seine waldumsäumten Ufer lagen jetzt im weichen, weißen Nebeldunst. Hans Lenchow hatte schon den Kahn losgemacht und stand nun breitspurig mit einem seiner hohen Schaftstiefel am Ufer, mit dem anderen auf dem schwankenden Bootsrand. Dabei reichte er jedem hilfreich die Hand zum Einsteigen.

„Sind alle drin? Kommen Katte und Jürgen nicht?"

„Die sind mit Papa und Ferdinande in politische Gespräche vertieft", rief Sabine, „also stoß nur ab."

Sie saß hinten am Steuerruder, den rosa Schal weich um die Schultern gelegt. Vor ihr auf dem schmalen Bänkchen Graf Folken und Heinz. Dann Hans Lenchow, der ruderte, und ganz vorne der alte Magister mit der kleinen Eva.

Langsam tauchten die Ruder in das klare, schwarze Wasser; jedesmal, wenn sie wieder herauskamen, hingen die Tropfen wie ein silberner Schleier daran. Die Ufer ringsum waren in Nebel gehüllt, so daß man kaum etwas erkennen konnte. Wunderbar weiß und weich floß das Mondlicht mit dem Nebel zusammen.

Alle waren ganz still geworden, nur das Wasser plätscherte klatschend an den Kiel, und die Ruder knarrten leise beim Auf- und Niederheben.

„Ach", sagte da die kleine Eva, sich tiefer in ihren warmen Mantel wickelnd, den die Mutter ihr noch schnell umgelegt hatte, „ach, Onkel Magister, nun erzähle bitte das Märchen von der blauen Blume."

„Das wird die anderen Herrschaften langweilen", sagte der Alte und klappte der Kleinen fürsorglich den Kragen hoch.

„Aber nein, erzählen Sie nur, lieber Magister, wir hören alle gerne zu", und Sabine nickte freundlich zu ihm hinüber.

Da räusperte er sich und seine Stimme klang weich und versonnen, als er sagte:„Es ist nur ein Kindermärchen, das Märchen von der blauen Blume. Also es war einmal ein armer Hirtenknabe, der hütete seine Schafe in der Nähe eines großen

Berges. Da fand er eines Tages eine wunderschöne große, blaue Blume. Er wußte, daß es die Wunderblume war, von der die Sage ging, daß sie den Berg öffnen könne, in dem große Schätze lagen. Da grub er sie aus, und als er mit ihr die Felsen berührte, taten sie sich auseinander, und er kam in einen langen, dunklen Gang, an dessen Ende ein Licht schimmerte. Als er dem Licht nachging, fand er eine große Menge Gold und Silber und Edelsteine. Da legte er die Blume auf die Erde und sammelte sich seine Taschen voll, soviel er nur tragen konnte. Als er sich nun ganz beladen hatte mit all den Schätzen und wieder dem Ausgang zustrebte, hörte er eine Stimme: Vergiß das Beste nicht! Er sah sich um und wußte nicht, was gemeint war und dachte: ‚Wenn ich diese Schätze geborgen habe, will ich wiederkommen und mir neue suchen, vielleicht sind hier noch schönere versteckt'. Als er nun draußen in der Sonne stand und seine Taschen ausleerte, schlossen sich die Felsen wieder hinter ihm, so daß er den Eingang nicht mehr finden konnte, so sehr er auch suchte. Da sah er sich nach der blauen Blume um, die ihm zuerst die Felsen geöffnet hatte, die mußte ihm wieder helfen. Aber da fiel es ihm voll Schrecken ein, daß er sie ja drinnen im Berg hatte liegen lassen, und daß die Stimme, die ihm zurief: ‚Vergiß das Beste nicht!' die blaue Blume gemeint hatte. Da weinte er bitterlich und konnte sich nicht mehr freuen an all den Edelsteinen. Sein ganzes Leben lang hat er noch nach der blauen Blume gesucht, aber er hat sie nie wiedergefunden."

Der Magister schwieg.

Hinter den schwarzen Edeltannen am Ufer blinzelte verschlafen der Vollmond. Da wandte Hans Lenchow den Kahn und ruderte langsam zurück, denn es war spät geworden.

*

Durch die weißen Gardinen vor Sabines Giebelfenster schien lachend die Morgensonne. Die Fensterflügel standen weit offen, so daß der frische Lufthauch, den man kaum Wind nennen konnte, und der vom See her leise über die bunten Kastanienwipfel rauschte, die luftigen Vorhänge hin und her bauschen konnte. Sabine lag in ihrem großen, mattgeblümten Himmelbett, die Arme unter dem dunklen Kopf verschränkt, und blinzelte verschlafen in die Sonne. Was hatte sie nur wieder alles durcheinander geträumt! So sonderbares, krauses Zeug. Von Graf Folken und von Hans Lenchow und von einer großen blauen Blume und –

Jetzt sprang sie mit beiden Füßen auf einmal aus dem Bett und lief schnell an das Fenster, zog die Gardinen zurück und beugte sich tiefatmend weit hinaus. O, war das wieder ein schöner Tag heute!

Von hier oben konnte sie über den Garten hinweg auf den weiten, spiegelklaren See sehen, dessen silberne Wasserfläche nur hin und wieder von dem leichten Morgenwind gekräuselt war, und über den in scharfem Dreieck wilde Enten nach Süden flogen. Da schlug es drüben von der alten Turmuhr knarrend sieben. Sie fuhr erschrocken zurück und beeilte sich, fertig zu werden. Der Vater liebte die Pünktlichkeit, und um halb acht Uhr war schon erstes Frühstück. Heute hatte sie eine Menge zu tun. Sie krauste die Stirn und überlegte. Auf dem Spinett mußte sie noch üben, denn sie hatte ja heute ihre Stunde bei Magister Fidelius. Um zehn Uhr sollte sie schon ins Städtchen fahren und sich dort mit Tante Neldchen treffen, die zu Besorgungen in Berlin gewesen war. Dann mußte sie Großvater vorlesen, dann die Rosen im Garten schneiden, und am Nachmittag wollte Hans Lenchow kommen und mit dem Vater und ihr reiten. Sonst hätte sie mit den kleinen Nichten und Neffen Federball gespielt, wie meist nach dem Tee. Und abends, wenn die Lampe in der roten Wohnstube brannte, erledigte Ferdinande und sie Handarbeiten. Das war immer so. Höchstens, daß manchmal ein Besuch, so wie gestern, diese tägliche Eintönigkeit unterbrach. Ferdinande erzählte dann wohl, wie sie früher, als die liebe Mutter noch lebte, im Winter in Berlin am Hofe ausgegangen war. Sabine lauschte mit offenem Mund und sehnsüchtigem Herzen, denn das mußte doch einfach wundervoll gewesen sein. Jetzt war das ja ganz ausgeschlossen, da Berlin von Franzosen überflutet war, die zwar auch rauschende, glänzende Feste gaben, aber der Vater hätte ja niemals erlaubt, daß sie je auf ein solches Fest ging. Und er erlaubte seiner kleinen Sabine sonst immer alles, was ihr Herz begehrte. Denn sie war doch sein Liebling, der Sonnenschein des Hauses, den man, weil keine Mutter mehr da war, nun doppelt verwöhnen mußte. Sabine kannte nur die Sonnenseite des Lebens, oder verstand es jedenfalls meisterhaft, sich dieselbe überall herauszusuchen. Der Tod der Mutter vor zwei Jahren war für sie der erste harte Schlag in ihrem jungen Leben gewesen. Aber da die Mutter schon jahrelang vorher unheilbar leidend war und jeder den Tod für sie als Erlösung ansehen mußte, sie der kranken, nervösen Frau auch innerlich eigentlich nie recht nahe gestanden hatte, so versuchte Sabine bald, sich darüber zu trösten, rückte leise und allmählich wieder aus dem Schatten, der sie eine Weile umgeben hatte, hinaus in die lichte Sonne, die ihr Element war.

Ferdinande, die viel älter war als die Schwester, behandelte diese eigentlich fast immer noch als ein Kind, obgleich Sabine doch nun auch schon neunzehn Jahre zählte. Dadurch, daß Tante Neldchen seit dem Tode der Mutter den Haushalt leitete, war für Sabine auch nicht viel zu tun übriggeblieben.

Preußens Niederlage und ganzer augenblicklicher Zustand machten auf sie allmählich auch weiter keinen Eindruck mehr, denn die Abhängigkeit von Frankreich und das ewige Seufzen und Klagen der andern war ihr nun schon zu sehr zur Gewohnheit geworden. So tändelte Sabine Wart durch das Leben, lachend, singend, rosenpflückend. Und sie war der festen Überzeugung, daß es immer so bleiben müsse – ja, daß es sogar noch immer schöner werden müsse. Natürlich ganz so wie bei Ferdinande: Verlobung, Hochzeit und dann so süße Kinder, wie Ferdinande sie hatte.

*

Um den Kirchturm des kleinen Städtchens, der schon grün vor Alter war, flogen kreischend die Dohlen. Es war so ein richtiges kleines, märkisches Städtchen, das eine Viertelstunde von Alt-Rekkow entfernt lag, winklig, mit engen Gassen, zum Teil noch ungepflastert, mit der breiten, behäbigen Stadtmauer und den schönen, alten Toren, auf denen jedes Jahr ein Storchenpaar nistete. Gerade gegenüber der alten Kirche, die mitten auf dem Marktplatz stand, wohnte der Magister Fidelius, in einem der Giebelhäuser, die mit ihren spitzen, verschnörkelten Giebeln alle eins neben dem andern so freundlich lächelnd auf die auf dem

Marktplatz weidenden Gänse herabsahen. Magister Fidelius wohnte ganz oben, vier Treppen hoch, dicht unterm Dach. So konnte er die Turmuhr gut sehen und den Grünspan am Kirchendach und die Dohlen. Niemand wußte, wie alt Magister Fidelius war, er selber hatte es auch vergessen, und es war ja auch schließlich gleich. Er vereinigte den Schulmeister und Kantor des Städtchens in einer Person. Schon der Bürgermeister Traubenfreund hatte ihn, als er noch ein kleiner Knabe war – und Traubenfreund hatte jetzt graue Haare – der also hatte als Kind den Magister schon in der Kirche Orgel spielen hören. Ja, eigentlich gab es im Städtchen kaum einen, der sich erinnern konnte, daß es jemals anders gewesen war. Immer hatte man den Rücken da oben vor der Orgel sitzen sehen, von Jahr zu Jahr gebeugter, aber am Bälgetreten und Registerziehen hatte niemand eine Änderung bemerkt. Es war eben wie immer. In diesem märkischen Städtchen stand die Zeit still. Hier gab es keinen Wechsel.

In seinem kleinen Stübchen ging der Magister auf und ab, die Hände auf dem Rücken. Er wartete auf seine liebste Schülerin, Sabine Wart. Dann hauchte er fröstelnd in die Hände, der Herbstmorgen war doch recht kühl, und die Sonne noch nicht herumgekommen bis zu ihm hier. Dann setzte er sich vor sein altes Spinett und begann leise zu spielen, zuerst mit steifen Fingern, dann immer gelenkiger. Dabei hingen seine großen grauen Augen, die immer etwas seitwärts neben den Brillengläsern vorbeischauten, an einem winzigen Bild, das über dem Spinett an der grauen, einfarbigen Wand angebracht war. Es stellte Johann Sebastian Bach dar, und Magister Fidelius hatte es selber von dem großen Meister bekommen, dessen Schüler er einst noch in Eisenach gewesen war. Sonst gab's wenig Schmuck in dem kleinen Raum. Neben dem Spinett hing noch eine Geige, und an der anderen Wand, dem Spinett gegenüber, stand ein dickbauchiger, breiter Sekretär auf dünnen Beinen, mit seltsam verschnörkelten Messingbeschlägen.

Vor dem einzigen niedrigen, aber breiten Fenster blühte und duftete ein wahrer Blumenteppich. Denn der Magister liebte die bunten Blumen so, Geranien, Verbenen und Astern. Dazwischen hing ein winziger, selbstgeschnittener Holzbauer mit einem zahmen Dompfaff, der meist im Zimmer umherspazierte und, wie sein Herr behauptete, jedes einzelne Wort verstand. Dann gab's noch neben dem Sekretär eine Tür zu einer kleinen Kammer, in der das dunkelrote Himmelbett des Alten stand.

In dies kleine, abgeschiedene Reich hier oben, gerade gegenüber der grünen Kirchturmspitze, trat nun Sabine Wart frisch und rosig, den Arm voller Herbstblumen, die Notenmappe am Ellbogen, den mattrosabebänderten Hut fast im Nakken. Der Magister war so in sein Spiel vertieft gewesen, daß er das Rollen der schwerfälligen, verschnörkelten Kutsche unten auf dem Pflaster ganz überhört hatte. Er sprang so geschwind er konnte von seinem abgeschabten Drehstühlchen auf und holte einen der gradlehnigen, steifen, hellgelben Stühle für Sabine ans Klavier. Der Dompfaff wurde in seinen Bauer gesperrt, damit er die Demoiselle nicht belästige, die Hut, Handschuhe und Umhang an einen Nagel neben der Tür hängte und dem beglückten Alten die Blumen und eine Tüte frühreifer Birnen in den Arm drückte. Dann begann die Klavierstunde, die aber oft genug durch neugierige Fragen Sabines unterbrochen wurde, die wenig zur Stunde gehörten.

Zuerst hielt der Magister die Blumen immer noch gedankenverloren im Arm, während sie schon spielte und er unermüdlich zählte, was sie regelmäßig vergaß. Dann fiel ihm plötzlich ein, daß es doch besser sei, die Blumen ins Wasser zu stellen, und er brachte sie schnell nach nebenan. Währenddessen legte Sabine die Hände träumend in den Schoß und starrte auf das winzige Bild, das sie nun schon im Schlaf hätte nachmalen können.

Es war ihr nicht sehr um die Musik zu tun, aber der Vater und Tante Neldchen wünschten den Unterricht, und so fuhr sie denn zweimal wöchentlich zur Stadt zu Magister Fidelius. Das war schließlich immer eine ganz nette Abwechslung, denn dann sah sie doch wenigstens einmal andere Gesichter als die üblichen in Alt-Reckow. Sie konnte sogar bei der Frau des Bürgermeisters Tee trinken, die sich dann immer hochgeehrt fühlte.

Die Klavierstunde war zu Ende. Sabine atmete erleichtert auf und klappte ihr Notenheft mit hörbarem Knall zusammen. Dann verabschiedete sie sich herzlich von dem Lehrer, der ihr ja schon als kleines Mädchen das Abc beigebracht hatte.

Singend ging sie die vier engen Treppen hinab. Auf jeder Etage öffnete sich eine Tür und ein neugieriges Gesicht sah um die Ecke. Das war immer so. Unten auf der Straße wartete schon der Wagen, und drinnen saß, fast vergraben unter Paketen, die dicke Tante Neldchen, die mit der Postkutsche von Berlin gekommen war. Sie entschloß sich immer schwer zu diesen Besorgungsausflügen, denn sie ließ „das Kind", wie sie ihre Nichte Sabine stets nannte, so ungern allein in Alt-Reckow zurück. Nicht, daß sie fürchtete, Sabine würde Dummheiten machen, aber sie hielt es nicht für schicklich, daß diese ganz allein unter dem „Mannsvolk" zu Hause war. Unter dem Mannsvolk verstand sie den Vater und Großvater. Jetzt, wo Frau von Trach da war, hatte sie sich endlich freigemacht, um Berge von Besorgungen zu erledigen.

Als Sabine nun zu ihr in den Wagen stieg, konnte die alte Dame sie in ihrer großen Wiedersehensfreude nur streicheln und an sich pressen, das Küssen war wegen der breiten Hüte unmöglich, wie

Sabine zu ihrer leisen Freude bemerkte. Dabei fragte sie nach tausend Dingen. Ob die Goldrenetten auch nicht vom Sturm in der vorletzten Nacht heruntergeschlagen wären, ob Mamsell die eingemachten Hagebutten mit Schweinsleder oder Papier zugebunden, ob Frau von Trach wirklich schon nächste Woche wieder abreisen wolle und ob Kleopatra ihrer Angorakatze auch kein Leid getan. Glücklicherweise wartete sie auf all die Fragen gar nicht erst die Antwort ab, sondern sprang geschwind von einem zum andern über. Dann lehnte sie sich erschöpft in die weichen, lila Wagenpolster zurück.

„Ach, hier sitzt sich's doch ganz anders als in der schrecklichen gelben Postkutsche. Übrigens wimmelt es in Berlin von Franzosen. Jedes einzelne Quartier ist von ihnen belegt. Und das soll so bleiben, bis die Kriegssteuern alle bezahlt sind. Schrecklich! Und das Furchtbarste, man spricht davon, daß auch die Vororte und die nächste Umgebung Berlins mit französischer Einquartierung belegt werden sollen. Denke nur, wenn wir auch nach Alt-Reckow welche hinbekommen! Vor zwei Jahren war es schon einmal so." –

So fuhren sie langsam aus dem Städtchen hinaus, den holprigen Landweg entlang, daß die herabgelassenen Wagenfenster nur so klapperten.

Als sie in Alt-Reckow über den Hof fuhren,

drehte sich Krischan plötzlich auf seinem Bock herum, was sonst nicht seine Art war.

„Vor unserer Rampe steht ein fremdes Pferd, Demoiselle. Und ich wollte nicht Krischan Brömke heißen, wenn das nicht ’n französischer Gaul ist.“

Neugierig bog sich erst der eine, dann der andere Hut aus dem Wagenfenster. Richtig, da stand vor der Rampe ein schmucker Rappe, der ungeduldig den Boden scharrte und von Zeit zu Zeit hell in die frische Luft hinauswieherte. Einer der Stalljungen in seiner roten Jacke hielt ihn am Zügel und führte ihn behutsam beiseite, damit der Wagen vorfahren könne.

Aus der Glastür kam Anton und riß den Schlag auf.

„Um Gottes willen, Demoiselle“, flüsterte er zitternd, „wir kriegen Franzosen her. Der Quartiermacher ist eben beim Herrn Baron.“

Tante Neldchen nickte, unfähig zu sprechen, vor sich hin. Dann sagte sie dumpf: „Siehst du, ich wußte es ja. Als ich heute früh in Berlin aufwachte, lief eine große, graue Spinne über mein Bett. Das bedeutet nie Gutes! Anton, nehmen Sie vorsichtig die Pakete heraus, es ist Zerbrechliches darunter.“

Sabine war schon lange draußen und lief in die Kinderstube, wo sie Frau von Trach vermutete.

Die stand mit hochgekrempelten Ärmeln an der Badewanne ihres Jüngsten, der rosig und lachend im Wasser plätscherte und alles um sich herum bespritzte. Durch die wippenden Kastanienzweige draußen fiel golden und tanzend die Mittagssonne und betupfte die weißgestrichenen Dielen mit Licht und Schatten. An dem niedrigen Tischchen in der Mitte des Zimmers saßen auf blauen Kinderstühlchen Heinz und Eva, jedes ein großes Butterbrot in der Hand, die buntgestickte Serviette vorgebunden. Neben jedem der kleinen Teller stand ein Glas Milch und ein Apfel. Numero Drei hatte die Kindsmagd auf dem Schoß, eifrig beschäftigt, es mit süßem Griesbrei zu füttern.

Sabine schlug lachend die Hände zusammen, warf die Notenmappe in die eine, die langen, durchbrochenen Handschuhe in die andere Ecke und jubelte: „Ach, ihr seid hier noch so gemütlich beim zweiten Frühstück, das lasse ich mir gefallen; ich merke, daß ich einen Mordshunger habe."

Sie griff nach einem Apfel, der neben dem Tellerchen lag, und wollte eben hineinbeißen, als sich ein Wehgeschrei des kleinen Besitzers erhob. Ganz erschrocken legte Sabine ihn wieder hin.

„Aber Heinzi, ich hole mir ja schon einen andern, sei nur ruhig. Ferdinande, was sagst du dazu, daß wir Franzosen herbekommen?"

Ferdinande hatte ihr Kleinstes aus dem Wasser gehoben und auf den Wickeltisch gelegt, wo es in dem gewärmten Badetuch verschwand.

Sie seufzte leise.

„Es ist sehr hart für Papa, aber es war ja vorauszusehen. Hoffentlich wird es nicht auf lange sein. Wir werden dann wohl auch etwas eher abreisen, damit ihr nicht gar zuviel Last im Hause habt. Wir sind ja nun schon über zwei Monate hier."

*

In den folgenden Tagen war Sabine oft sehr bedrückt, wenn sie an die bevorstehende Trennung von ihrer Schwester und den fröhlichen Kindern dachte. Wie gerne wäre sie mit ihnen nach Pommern zurückgereist, und wenn es nur für ein paar Wochen gewesen wäre. Aber sie wußte sehr genau, daß sie Vater und Großvater hier nicht alleine lassen durfte; gerade jetzt, wo die Einquartierung französischer Truppen bevorstand. So vergrub sie diesen sehnlichen Wunsch tief in ihrem Herzen. Wie schnell war der Abschiedstag da, an dem Ferdinande mit den Kindern abreiste. Sabine fühlte einen leisen Neid in sich aufsteigen, als sie die schwerbeladene Kutsche im Nebel davonfahren sah. Aber sie bekämpfte dies Gefühl und half den Tag über fleißig Tante Neldchen, die Fremdenzimmer für die französischen Herren in Ordnung zu bringen, die morgen eintreffen sollten. Beim Abendbrot, als sie mit dem Vater und Tante Neldchen allein um den runden Tisch im Saal saß, hatte

Tante Neldchen noch viele Fragen wegen der morgigen Einquartierung zu stellen. Bis der Baron schließlich in lautes Lachen ausbrach.

„Weißt du, Neldchen, du tust geradeso, als ob die Welt untergehen sollte. Du und Mamsell und Anton scheint euch einzubilden, daß es so wie vor zwei Jahren ist. Aber ich bitte dich, liebste Schwester! Das ist ja doch ein gewaltiger Unterschied. Damals waren wir noch im Kriegszustand, das war noch vor dem Tilsiter Frieden, da stand man sich als Feind gegenüber, und die Franzosen haben natürlich geraubt und geplündert, was sie konnten. Das ist aber jetzt ganz anders. Wir sind im Frieden, haben nur noch in Berlin und in den Festungen Stettin, Küstrin und Glogau französische Besatzung, bis die 120 Millionen Franks Kontribution gezahlt sind. Bald wird sogar noch ein großer Teil des französischen Heeres aus Deutschland gezogen, denn Napoleon braucht neue Truppen für Spanien. Also sorge dich nicht zu sehr und beruhige auch die Leute. Es wird schon alles ganz sachte abgehen."

Es war früh am nächsten Morgen, und man hatte gerade auf der Terrasse den Tee eingenommen, als auf dem Hof Hufschlag von vielen Pferden hörbar wurde.

Baron Wart sprang auf.

„Donnerwetter, die sind zeitig. Bitte, bleibt ihr hier, Neldchen und Sabine. Ich wünsche nicht, daß ihr Damen mit den Franzosen mehr, als unumgänglich nötig ist, in Berührung kommt."

Damit war er auch schon durch die Halle gegangen, die Glastür weit hinter sich offen lassend.

Tante Neldchen war kreidebleich geworden und vom Stuhl aufgesprungen.

„Ach, daß sie schon so bald kommen! Wo können wir uns nur am besten verstecken? Dein Vater ist aber auch unglaublich, uns so ohne jeden männlichen Schutz hier zurückzulassen. Das größte Unglück kann ja passieren!"

Sie stand zitternd da, nicht wissend, wo sie in der Eile hin sollte, das angebissene Brötchen noch in der linken Hand.

Sabine mußte laut lachen, dann wurde sie still und lauschte. Man konnte von hier aus nicht sehen, was im Hof vor sich ging. Man hörte nun das Abspringen der Mannschaften von den Pferden, das Hineinführen in die Ställe und kurze, scharfe Kommandos in französischer Sprache.

Jetzt schien jemand die Steintreppe heraufzukommen, man hörte deutlich einen Säbel klirren und das Zusammenschlagen von Sporen. Dann eine sehr tiefe, sehr scharf akzentuierte Stimme: „Pordon, monsieur le Baron, bitte, bemühen Sie sich nicht. Ich beherrsche die deutsche Sprache vollkommen. General Rustand, mein Adjutant le comte de Fabre. Durch meinen Quartiermacher werden Sie orientiert sein über unsere Intuitionen, pardon, Absichten. Wir haben nicht lange hier zu tun. Acht Tage à peu près. Bitte, lassen Sie sich in nichts stören, monsieur le Baron. Ich kann es sehr verstehen, daß es Ihnen lieb ist, uns möglichst wenig zu sehen. Ich bitte daher, für mich und meinen Adjutanten in unseren Zimmern servieren zu lassen. Meine übrigen Offiziere habe ich drüben in das Städtchen gelegt, um Sie zu erleichtern. Sollte irgend etwas Unliebsames von meinen Mannschaften vorkommen, so bitte ich dringend, mir das sofort zu melden. Unsere Zimmer kann uns dann ja einer der Bediensteten zeigen, bitte, bemühen Sie sich nicht, ich habe hier noch mit meinen Leuten zu tun. Monsieur le Baron votre serviteur."

Wieder das leise Klirren der Sporen beim Zusammenschlagen der Hacken. Dann entfernten sich die Schritte nach dem Hofe zu.

Tante Neldchen blieb der Mund weit offen stehen, die Semmel fiel ihr aus der Hand, worauf ihre sie leise umschnurrende Angorakatze schon sehnsüchtig gelauert hatte.

„Nein, ist der aber anständig! Und wie fein er deutsch spricht! Pfui, Ludmilla, meine schöne Semmel! Das war doch 1806 ganz anders. Da rissen sie uns förmlich alles aus der Hand und hausten in Küche und Speisekammer wie die Kannibalen, Offiziere und Mannschaften."

Sabine hatte sich schon wieder seelenruhig an

ihren Platz gesetzt und trank ihren Tee zu Ende.

„Ja, das finde ich auch, sehr vornehm und anständig klang das. Ein richtiger, guter General. Wie hieß er doch noch, Tantchen, Rostand oder Rustand, nicht? Den Namen von seinem Adjutanten habe ich nicht verstanden."

Da kam auch schon Baron Wart zurück. Er atmete erleichtert auf.

„Seht ihr, Kinder, wie recht ich hatte? Alle eure Sorge war umsonst. Dieser General scheint übrigens ein tadelloser Gentleman zu sein. Wäre er nicht Franzose, dann könnte er mir gefallen. Aber ich muß fort, Kinder, wollte euch nur beruhigen. Ich will sehen, ob sie auch alle gut untergekommen sind."

Sabine goß sich die zweite Tasse Tee ein.

Die Morgensonne stieg höher und schien jetzt voller und wärmer auf das kleine Fleckchen Erde herab, das sich Alt-Reckow nannte.

Leise schnurrend umschmeichelte die Katze Tante Neldchens Knie und haschte spielend nach einem weißen Faden, der an Sabines blauem Morgenkleid hängen geblieben war.

*

Es war am Nachmittag desselben Tages. Sabine hatte eben dem Großvater aus Friedrich Schlegel vorgelesen und dann eine Partie Schach an ihn verloren. Tante Neldchen hielt ihren Mittagsschlaf, es war alles ganz still im Haus. Mamsell saß, eine saubere Schürze vorgebunden, mit gefalteten Händen auf der kleinen Bank im Küchenhof und konnte sich immer noch nicht genug über die „manierlichen" Franzosen wundern, von denen man fast nichts merkte, die sich höflich für ihr Essen bedankten und mit allem zufrieden waren. Neben ihr stand Anton in Hemdsärmeln, er kam eben vom Abwaschen.

„Man nich, Anton", sagte Mamsell und atmete tief und befreit, „sone Franzosen haben wir doch noch nie nich hiergehabt. Aber, wissen Sie, ich mein, das is nich von wegen dem Frieden jetzt – in Berlin sollen sie auch noch grad so frech sein wie Anno sechs – ich mein, das is wegen der Disziplin. Sie haben einen Heidenrespekt vor ihrem General, und das is 'n schneidigen Kerl, der leidt keinen Unfug nich. Anständig is er, beinahe als ob er 'n Preuße wär, und deutsch kann er auch reden."

Sie schwieg erschöpft von diesem langen Gedankengang. Anton strich sich ein paarmal über die grauen Haare und nickte. Er hatte dasselbe gefunden und wußte nun auch nichts Neues hinzuzufügen.

Währenddessen wanderte Sabine mit einem

Buch unter dem Arm die Kastanienallee entlang auf den See zu. Ihr war so leicht und fröhlich zu Mute, der Großvater war so gut zu ihr gewesen, und sie hatte gespürt, daß er zufrieden mit ihr war. Das freute sie so. Sie hatte ein starkes Bedürfnis, sich jetzt ordentlich zu bewegen – zu laufen, zu rudern oder zu reiten – ehe sie sich in ihr Buch vertiefte. Laufen ging jetzt nicht, dazu hätte sie erst die Schuhe wechseln müssen, da sie noch von Tisch her ihre kleinen Lackschuhe trug. Reiten ging auch nicht, weil der Vater jetzt keine Zeit hatte, und allein durfte sie nicht. So blieb nur noch das Rudern übrig. Sie sprang schnell in das kleine, leichte Boot, löste die Kette und war mit ein paar kräftigen Schlägen mitten auf dem Wasser. Ei, wie das gut tat! Wie das die Lunge dehnte und das Blut schneller und frischer durch die Adern pulsieren ließ. Ihr wurde ordentlich warm dabei, der Hut war in den Nacken geglitten, der warme Spätsommerwind spielte neckend mit den feinen, seidenweichen Haaren an den Schläfen. Wie ein Pfeil glitt das Boot dahin, über ihr flog schnatternd ein Dreieck Wildgänse. Sie sah lachend nach oben und versuchte mit den Vögeln da in der blauen Luft um die Wette zu rudern, bis sie müde wurde und die Arme sinken ließ. Sie zog die Ruder ein, verschränkte die Arme hinter dem Kopf und sah ihnen sehnsüchtig nach. Wo mochten sie hinfliegen? O, daß sie mit ihnen könnte in die weite, weite Welt!

Langsam ließ sie das Boot vom Wind treiben. Plätschernd, schmeichelnd drängten die kleinen krausen Wellchen um den Kiel. Vom Schilf am Ufer her riefen und lockten die unermüdlichen Rohrspatzen.

Eine wilde Ente schwamm mit ihrer zweiten, verspäteten Brut über die glitzernde Fläche. Sie schwamm so emsig und stolz an der Spitze ihrer kleinen Schar, die ganz fein und leise schnatterte. Sie waren alle so beschäftigt in der Natur ringsum, sie hatten alle zu tun, alle einen Zweck, ein Ziel – die Wildgänse da oben, die unbeirrt nach Süden flogen, die Ente hier, die ihre unbeholfenen, schutzlosen Kleinen lockte und sich spähend nach Feinden umsah – das rotbraune Eichhörnchen da in der Buche am Ufer, das emsig Vorrat für den Winter sammelte, damit die hungrigen Kinder auch satt würden an Eicheln, Nüssen und Buchekkern, wenn der Nordwind mit Schnee und Eis um die kahlen Bäume pfiff – sie alle, alle wollten etwas, taten etwas, das einen Zweck hatte.

Sabine wurde traurig, als ihr das so durch den Kopf ging. Hatte ihr Leben auch einen Zweck? Ein Ziel? Gewiß, Großvater würde sagen, ihrem Vater und ihm Stütze und Freude zu sein, das war ihr Zweck. Ja, aber der Großvater würde nicht ewig leben, und der Vater auch nicht. Einmal mußte doch die Stunde kommen, wo weder der eine noch der andere sie mehr brauchte, wo sie suchend mit leeren Händen dastehen würde und bitten: Lieber Gott, gib mir noch einen anderen Zweck, ein anderes Ziel, denn ich habe nun nichts mehr zu tun. Und es soll doch keiner überflüssig am Markt des Lebens stehen, du brauchst doch so viele Arbeiter in deinem Weinberg.

Da fiel irgendwo in der Ferne ein Schuß. Schnatternd hob sich die Wildente mit ihren Kleinen und verschwand im Schilf. Sabine hob lauschend den Kopf. Ob das Hans Lenchow war? Der wollte ja heute einen Bock an der Grenze schießen. Aber um diese Tageszeit?

Jedenfalls hatte dieser Schuß sie aus ihren Träumen gerüttelt. Sie legte den Hut jetzt neben sich auf die Bank, griff zu den Rudern und fuhr langsam, mit hellen Augen zum Ufer zurück. Aber nicht an die alte Landungsstelle, wo der Holzsteg am Ende der Kastanienallee in das Wasser gebaut war, sondern immer dicht am Schilf entlang, bis sie an eine kleine, lauschige Bucht kam. Hier fehlte das Schilf, und man konnte dicht an die knorrigen Baumwurzeln heranrudern und so die Kette festmachen, damit der Luftzug, der vom Wasser kam, den Kahn nicht hin und her trieb.

Hier legte sie sich vor Anker, wie sie es nannte, um ungestört lesen oder träumen zu können. Ein schmaler Fußweg, der vom Garten aus rings um den See führte, berührte an dieser Stelle fast das Wasser. Aber man brauchte nicht zu fürchten, gestört zu werden, denn er wurde nur noch sehr selten begangen. Er führte ursprünglich zu einem halb zerfallenen Teehäuschen, das auf der anderen Seite des Sees lag. So setzte sich Sabine behaglich im Kahn zurecht, hinten auf das Steuerbänkchen, wo man sich anlehnen konnte, nahm ihr Buch auf die Knie und begann zu lesen. Es war so still ringsum. Nur die Rohrspatzen zirpten leise und die Sonne spielte Ringelreihen mit einem Mückenschwarm über dem Schilf. Von Zeit zu Zeit brüllte fern in der Koppel eine Kuh, oder ein Häher strich krächzend durch die Buchenkronen.

Sie mochte wohl so eine halbe Stunde gelesen haben, als sie plötzlich ein Schritt aus ihrer Stille weckte. Auf dem Fußweg kam jemand, daran gab es keinen Zweifel. Sie sah verträumt von ihrem Buch auf. Es war wohl der Förster, der sich den Weg zum Wald abkürzen wollte.

Aber jetzt schreckte sie doch ein wenig zusammen. Das war ja – das schien ja beinah – einer von den Franzosen zu sein?

Wahrhaftig – langsam, in tiefen Gedanken, kam er näher, die Augen zu Boden gerichtet. Sie konnte ihn sich so recht ungestört und neugierig betrachten. Er war groß und schlank. Die enganliegenden Hosen aus weißem Leder, die hohen, bis über die Knie reichenden schwarzen Stiefel, der grüne, vorne ganz offene Rock mit den roten Aufschlägen, wie ihn auch Napoleon immer trug – das alles prägte sich Sabine so unauslöschlich ein, daß sie es noch nach Jahren hätte malen können.

„Das muß der Adjutant sein“, dachte sie, „für den General ist er zu jung. Aber wie braun er ist, wie ein Mulatte!“

Halb scheu, halb neugierig, betrachtete sie ihn so von ihrem Boot aus. Da bewegte der Wind leise den Kahn, so daß das eine Ruder im Riemen knarrte.

Er sah auf. Halb Erstaunen, halb Überraschung malte sich in seinem Gesicht. Schnell trat er hart an das Wasser und grüßte.

„Pardon, Baronesse, wenn ich gestört habe. Ich hatte Sie gar nicht bemerkt.“

Er verneigte sich.

„Rustand, General Rustand.“

Ihr Buch fiel auf die Erde, ohne daß sie es merkte. Sie sah ihn groß an. Dachte er etwa, sie wäre ein Kind, dem man etwas weismachen könne? Das war doch eigentlich empörend.

Sie neigte ein wenig kühl den Kopf.

„Sie belieben zu scherzen, Monsieur, aber ich weiß wohl, daß Sie nicht der General sind.“

Er sah äußerst belustigt aus.

„Pardon, und warum nicht, Baronesse?“

„Weil Generäle nie so aussehen“, sagte sie schnippisch, „die haben immer weiße Haare und sind alt.“

Jetzt lachte er, voll und klingend.

„Das ist ja charmant, Baronesse, eine kolossale Schmeichelei für mich. Aber Sie können mir getrost glauben, wir Generäle unter Napoleon I. sind alle noch keine Greise mit weißen Haaren. Wir sind jung gewesen mit unserem Kaiser und mit ihm reifer geworden. Er hat uns mit hochgerissen, er hat uns geprägt, so wie wir jetzt sind, wie Frankreichs Armee jetzt ist. Ist das so verwunderlich? Sehen Sie, Baronesse, mein Kaiser war mit 24 Jahren Brigadegeneral der Artillerie und erstürmte mit 26 Jahren die Brücke von Arcole. Ist es da so ungewöhnlich, wenn ich mit 39 Jahren General bin, wo er es in demselben Alter schon bis zum Kaiser von Frankreich gebracht hat?"

Sabines Blick hing groß und unverwandt an seinen Lippen. Wie eigentümlich dieser Mann sprach! Was für einen fremdländischen Akzent er jedem Wort gab. Und warum er nur so tief braun war! Dazu diese fast blauschwarzen Augen und Haare. Links quer über die ganze Backe lief eine fingerbreite, blutrote Narbe, von der Nasenwurzel bis schräg herab zum Ohrläppchen.

Er schwieg jetzt, und sie fühlte, daß sie irgend etwas sagen müsse.

„Verzeihen Sie", sagte sie leise, „das hatte ich nicht so gewußt."

Dabei war sie langsam aufgestanden und streckte ihm die Hand hin.

Da er aber am Ufer stand und sie keinen Versuch machte, ihm entgegenzukommen, mußte er wohl oder übel in den Kahn steigen, um diese ausgestreckte Hand mit den Fingerspitzen zu fassen und sie chevaleresk an die Lippen zu führen.

„Was hätte ich zu verzeihen, Baronesse? Ihren Irrtum, der für mich eine große Schmeichelei war? Sie wissen, Baronesse, wir Franzosen verzeihen nichts lieber als eine Schmeichelei!“

Wie groß er ihr vorkam, als er nun so dicht vor ihr stand. Fast erdrückend. Darum sagte sie schnell ein wenig scheu: „Aber wollen Sie nicht Platz nehmen, Monsieur?“

Sie setzte sich ihm gegenüber, und er hob rasch ihr Buch auf, das vorhin zu Boden gefallen war. Er las den Titel.

„Leben und Tod der heiligen Genoveva? Das ist eine echte, treue, deutsche Frau.“

Er legte das Buch behutsam neben sich und sah sich ringsum. „Wie schön es hier bei Ihnen ist! Das hätte ich in dem sandigen – pardon, Baronesse, aber es ist stellenweise sehr sandig, davon wissen meine geplagten Pferde ein Lied zu singen – in dem sandigen Brandenburg gar nicht vermutet.“

Sie sah ihn erfreut und dankbar aus ihren großen Kinderaugen an.

„Ja, finden Sie es wirklich hübsch hier? Sie müssen doch schon viel von der Welt gesehen haben auf all Ihren Kriegszügen.“

„O ja, Baronesse, ich war mit meinem Kaiser in

Italien, damals bei Lodi und Mantua; in Spanien, der Schweiz, Ägypten. Ich durfte dabei sein, als Berthier vor zehn Jahren im Kirchenstaat die päpstliche Regierung für abgeschafft erklärte und auf dem Kapitol in Rom die römische Republik ausrufen ließ. Ich war sein Adjutant. Dann war ich unter Murat, bei den Pyramiden gegen die Mameluken, bei der Eroberung von El-Arisch in Syrien, und habe mit meinem Kaiser in der Wüste gedürstet. Sie sehen es meinem Gesicht an, Baronesse, daß es heiße Sonne und Säbelhiebe kennengelernt hat. Wir Franzosen unter Napoleons Fahnen sind heimatlose Bannerträger, die Frankreichs Ruhm von Meer zu Meer tragen. Aber wir wollen es nicht anders, Baronesse. Wir sind ihm verfallen mit Leib und Seele, denn wir lieben ihn und gehen lachend für ihn in den Tod. Denn was tut ein Mann nicht für seine Liebe?“

Er hatte mit flammenden Augen gesprochen, hingerissen von einer Begeisterung, die sie nie für möglich gehalten hätte. Jetzt verstand sie, warum dieser Bonaparte überall siegen mußte. Ihre Wangen brannten, sie hatte die Hände um die Knie gelegt und sah unverwandt auf den General.

Er fuhr sich über die Stirn und blickte auf das stille Wasser.

„Pardon, Baronesse, Sie sind Preußin. Sie hassen uns. Wir haben Ihr Land zertreten. Verzeihung. Ich vergaß, zu wem ich sprach.“

Sie holte tief Atem, dann nickte sie langsam, wie in schweren Gedanken.

„Ich weiß, ich weiß. Aber – wenn Sie so von Ihrem Kaiser reden, dann möchte man Ihnen immer zuhören. Erzählen Sie noch mehr von ihm, bitte. Wir bekommen hier in Preußen sein Bild immer so verzerrt, so verfälscht. Und das ist ja auch natürlich. Ich habe noch nie einen Franzosen über ihn reden hören."

Er sah noch immer über das Wasser.

„Ich war mit ihm in der Militärschule zu Brienne. Ich haßte ihn, weil ich merkte, daß er mir überlegen war. 1786 bemühten wir uns beide um den Preis, den die Akademie zu Lyon auf die beste Beantwortung der Frage: ‚Welche Grundsätze und Einrichtungen soll man den Menschen einprägen, um sie so glücklich wie möglich zu machen?' gesetzt hatte. Er erhielt den Preis und ging dann mit Paoli nach Korsika, wo ich ihn aus den Augen verlor. Bei der Belagerung von Toulon sah ich ihn wieder, und von da an liebte ich ihn. Es war das Jahr, als nach der Einnahme der Stadt der Obergeneral Dugommier dem Wohlfahrtsausschuß schrieb: ‚Befördert ihn. Denn wenn ihr undankbar seid, wird er sich selbst befördern'."

Rustand schwieg. Aber es arbeitete in ihm, wie von gewaltiger Bewegung. Sabine rührte sich nicht. Sie wunderte sich nur, daß einer so begeistert von Napoleon erzählen konnte, der ihr von Kind auf als höllisches Schreckgespenst und blutiger Tyrann dargestellt worden war. Es mußte doch eine große, persönliche Macht von ihm ausgehen.

Aber da dachte sie plötzlich an den Herzog von Enghien, an Memel und an die Königin Luise. Mit kurzem Ruck stand sie auf. Ihr Gesicht war kalt geworden.

„Verzeihung, General, aber ich muß nach Hause. Es ist Teezeit."

Als sie abends in ihrem Bett lag, konnte sie nicht einschlafen. So seltsam wirr jagten die Gedanken durch ihr Hirn.

War es nicht einfach empörend? Sie, Sabine Wart, deren Vater, Großvater und Urgroßvater preußische Soldaten gewesen waren – sie – sie hatte sich mit einem französischen Offizier unterhalten und, was das Schlimmste war, Gefallen an dieser Unterhaltung gefunden – ja – sich sogar minutenlang für seinen Kaiser erwärmt – seinen Kaiser – der ihr Vaterland, ihren König so namenlos beleidigt, so tief in den Staub getreten hatte! Und warum? Nur weil dieser Franzose seinen Kaiser mit so glühenden Farben malen konnte, weil er sie einfach mit sich fortriß durch die Macht seiner Persönlichkeit. Sabines Wangen brannten vor Scham. Sie grub ihr Gesicht tief in die Kissen.

Solch eine Preußin war sie – solch eine Preußin! Die so ihren Stolz vergaß und ihres Vaterlandes Ehre! Wenn das der Großvater wüßte! Der es für ein Verbrechen hielt, einem Franzosen auch nur guten Tag zu wünschen.

Sabine stöhnte und setzte sich aufrecht im Bett hin. Sie war sich noch nie so verächtlich vorgekommen. Und das Schlimmste war, sie fühlte eigentlich gar keine richtige Reue über das, was sie getan hatte. Und – es würde ja nie wieder vorkommen. Lange blieben diese Franzosen ja nicht hier. Und sie wollte von nun an auf der Hut sein und ihnen möglichst aus dem Wege gehen.

Aber obgleich sie nun diesen festen und ehrlichen Entschluß gefaßt und ihr Gewissen damit erheblich erleichtert hatte, konnte sie doch immer noch nicht einschlafen. Und es mußte schon bald Mitternacht sein. Wenigstens hatte die große Stehuhr unten auf dem Flur schon lange elf geschlagen. Aber es war auch noch so merkwürdig laut im Haus. Oben in der großen Stube schlief der General. Deutlich hörte sie jemand die Treppe heraufkommen und an seine Tür klopfen. Dann gingen wieder mehrere leise die knarrende Treppe hinab. Sie lauschte und lauschte. Ob ein plötzlicher Marschbefehl für ihn gekommen war? Es war ja die Rede davon gewesen, daß sie nach Spanien sollten. Nun wurden sie gewiß Hals über Kopf abberufen, schon heute Nacht. Sabine fiel ein, daß sie sich ja gar nicht ordentlich von ihm verabschiedet hätte, ja, im Gegenteil, sehr kühl und unfreundlich von ihm gegangen war. Und er war doch so höflich und zuvorkommend gewesen. Dabei war sie ein dummes, kleines Mädchen und er ein berühmter General.

Jetzt hörte man deutlich, wie jemand vom Hof galoppierte, dann aufgeregtes Sprechen vorm Pferdestall.

Sie legte sich wieder hin und zog die Decke über den Kopf.

Und plötzlich fing sie an, bitterlich zu weinen.

Darüber schlief sie endlich ein. Als sie am andern Morgen erwachte, war es schon spät. So schnell hatte sie sich noch nie angezogen.

Als sie nach unten wollte, begegnete ihr Anton auf der Treppe. Sie ließ sich gar keine Zeit, sein „guten Morgen“ zu erwidern, sondern fragte hastig: „Sind die Franzosen wirklich letzte Nacht schon fortgeritten?“

Er sah sie groß an.

„I, was haben denn die Demoiselle geträumt? Die sind alle noch ganz gemütlich hier.“

„Ja, aber Anton, es war doch solch ein Lärm draußen?“

„Haben die Demoiselle das auch gehört? Dem General sein bestes Pferd hat nämlich eine Kolik gekriegt. Darüber hat er sich furchtbar aufgeregt. Die ganze Nacht hat er bei dem Tier gewacht und einen Boten zum Städtchen geschickt, wo sein Regimentsarzt in Quartier liegt. Er ist dem Tier ein guter Herr, das muß man sagen.“

Anton ging nach oben, um dem General sein zweites Frühstück aufs Zimmer zu bringen, Sabine nach unten, um ihr erstes einzunehmen.

Sie war so froh, so von Herzen froh, daß die Franzosen noch da waren. Und das war doch eigentlich widersinnig. Aber sie hatte so große Angst davor gehabt, dem General nicht mehr Adieu sagen zu können. Nun war das doch noch möglich. Sie kreiste den ganzen Vormittag verstohlen um den Pferdestall, um ihn treffen zu können. Als er nirgends zu sehen war, fragte sie einen vor der Stalltür sitzenden Franzosen in ihrem besten Französisch, wie es dem Pferd ginge.

„O, merci, mademoiselle, mieux, beaucoup mieux."

Sie atmete erleichtert auf und erledigte leise singend ihre kleinen häuslichen Pflichten. Da, nach Tisch, als sie gerade zum Großvater gehen wollte, um mit ihm Schach zu spielen, hörte sie den General die Treppe herunterkommen. Sie machte sich auf der Treppe zu schaffen, und tat so, als bände sie einige lose Weinranken fest. Da stand er auch schon hinter ihr.

„Ah, bonjour, Baronesse, so fleißig bei der Arbeit?"

Sie wurde rot und ärgerte sich darüber.

„Bitte, Herr General, ich möchte nur fragen, wie es Ihrem Pferd geht."

Er sah freundlich auf sie herab, so wie ein guter

Onkel. Er schien sich über ihre teilnehmende Frage zu freuen.

„Merci, Baronesse. Ich hoffe besser. Ich will eben zu ihm. Glücklicherweise ist kein neuer Anfall gekommen. Ich liebe das Pferd nämlich sehr“, fügte er dann weich hinzu.

„Aber au revoir, Baronesse, der Dienst ruft mich jetzt.“

Er zog wieder ihre Fingerspitzen an die Lippen, verbeugte sich tief und stieg dann die Treppe hinab. Sabine ging langsam, nachdenklich zum Großvater.

Sie war heute nicht so ganz bei der Sache, und der alte Herr mußte sie mehrmals zum Aufpassen ermahnen. Aber in Großvaters Stube war es heute auch zu drückend warm. Dabei standen die Fenster wie immer weit offen. Wie die dicke blaue Fliege immer an der Scheibe auf und ab summte! Wie kerzengerade und blödsinnig dumm die kleinen roten Bauern da unten auf dem Schachbrett sie anstarrten. Da hörte sie scharfe Kommandos im Hof, und dann Pferdetrappeln.

„Mache das Fenster zu, Sabine“, sagte der alte Herr streng, „damit ich auch nicht das geringste von diesen Franzosen zu hören bekomme.“

Sie gehorchte schweigend.

Da ritten sie alle vom Hof, um irgendwo zu üben. Sie konnte es ziemlich deutlich durch die Gartenbäume sehen. Der alte Herr nahm eine Prise aus der silbernen Schnupftabaksdose. Dann spielten sie schweigend weiter, bis sein scharfes: „Gardez la reine!“ durch das Zimmer klang.

Für Sabine dauerte das Schachspiel und das Vorlesen heute eine Ewigkeit. Kaum war sie vom Großvater entlassen worden, so ging es wie der Wind den Flur entlang. Sie wollte wieder rudern wie gestern. Warum, wußte sie eigentlich selber nicht. Da kam ihr Tante Neldchen aus der Speisekammer entgegen.

„Wie gut, Sabine, daß du gerade kommst. Du kannst Mamsell schnell helfen, das Pflaumenmus in die Gläser zu füllen.“

Sabine stand wie angedonnert da.

„Was hast du, Kind, ist dir nicht gut?“

„Doch, doch, Tantchen. Ich wollte dich bloß fragen, ob das gerade heute sein muß? Weißt du, morgen helfe ich dir furchtbar gerne.“

Tante Neldchen lachte.

„Was hast du denn jetzt so Wichtiges vor, Kindchen? Na, dann lauf man. Dein Helfen wäre auch nicht weit her gewesen.“

Da war Sabine auch schon fort, über den Rasen wie ein flüchtendes Reh, hinein in den Kahn. Sie ruderte geradewegs auf die stille, lauschige Bucht zu, band das Boot fest und setzte sich zurecht, wie gestern. Nur die Genoveva hatte sie vergessen. Aber die brauchte sie heute auch gar nicht. Sie wollte ja nur träumen. Denken nannte sie es sogar.

Und sie stützte den Kopf in die Hände und sah versonnen auf das spiegelklare Wasser vor sich hin.

Warum saß sie hier eigentlich? Und was wollte sie hier? Sie konnte sich selber keine Antwort darauf geben. Aber es zog sie mit unwiderstehlicher Gewalt in diese stille, abgeschiedene Bucht. Sie mußte sich über irgend etwas klar werden, das ihr vorhin eingefallen war. Richtig. Hatte sie das nicht in der Bibel gelesen, daß man Feinde haben könne, die man ehrte? Mußte man immer alle Feinde hassen? Konnten Feinde nicht manchmal auch große und edeldenkende Menschen sein? Lag der Begriff der Feindschaft nicht mehr in den Verhältnissen, den Nationen als Ganzes? Hatte Friedrich der Große seine mächtigste Feindin Maria Theresia von Österreich nicht auch als große Frau und edle Herrscherin geachtet? Obgleich sie sich doch beide bis aufs Blut um Schlesien stritten? Sie mußte doch wirklich einmal den Vater danach fragen. Der mußte es doch wissen. Hm – aber der Haken war der, daß jetzt die Dinge ganz, ganz anders lagen. Denn Napoleon hatte sich doch Preußen gegenüber nicht edel benommen. Den konnte sie also als Feind nicht achten. Nun ja, aber seine Armee, seine Offiziere? War es für die nicht ganz allein ausschlaggebend, was sie persönlich bedeuteten, rein als Mensch, als Individuum?

Konnten sie dafür, daß sie Franzosen waren, daß sie diesem Kaiser gerade dienstbar waren? Sabine grübelte und grübelte darüber nach und konnte nicht zur Ruhe kommen.

Warum eigentlich? War das denn so wichtig, daß sie hierüber Klarheit erhielt?

Ja, ganz gewiß; denn sie war fest davon überzeugt, daß dieser General Rustand, der seinen Kaiser so liebte, obgleich dieser Kaiser so hassenswert war, und der sein Pferd so liebte – ein edler Mensch war. Und dies war nun die schwierige Frage, mit der sie absolut nicht ins Klare kommen konnte, ob sie das anerkennen und ihm zeigen durfte, ob sie freundlich zu ihm sein durfte – obgleich oder trotzdem er ein Franzose war, ein Feind ihres Vaterlandes? Ach, wenn ihr doch einer raten könnte! Aber wen sollte sie deswegen um Rat fragen? Sie würden sie doch alle falsch verstehen und verspotten, oder gar verachten, weil sie eine solch schlechte Preußin war.

Und Sabine wußte doch selber ganz genau, daß sie eine kleine gute, treue Preußin war.

Aber sie wurde darüber an sich selbst ganz irre.

So saß sie lange im Kahn und sann darüber nach, wie weit in einem solchen Falle die Feindschaft der einzelnen gegeneinander gehen dürfe, und kam doch nicht zum Abschluß. Dabei rauschten die Buchen so leise und heimlich wie gestern, und dazwischen zirpten die jungen Enten im Schilf.

Aber etwas war doch anders wie gestern. Sie sah den schmalen Fußweg entlang, so, als müsse dort wieder ein Schritt erklingen. Aber es blieb alles still. Heute kam niemand. Richtig, sie ritten ja auch vorhin alle vom Hof.

Langsam wendete Sabine den Kahn. Langsam und müde ruderte sie zum Landungssteg an der Allee zurück.

Den ganzen Nachmittag und Abend ging sie noch so suchend hin und her. Sie hätte sich gerne noch einmal nach seinem Pferd erkundigt. Dann, als sie nach dem Abendbrot mit Tante Neldchen in der Wohnstube saß, hörte sie Pferdegetrappel im Hof und Schritte auf der Treppe. Und dann schlug eine Tür. Nun war der Tag vorbei, und sie hätte ihn so gerne noch so vieles gefragt. Denn sie hatte ein so großes Zutrauen zu ihm, daß er ihr alles richtig und klar beantworten und alle ihre Sorgen zerstreuen würde.

*

Am andern Morgen war Sabine viel früher als gewöhnlich aufgestanden. Es war nämlich Mutters Geburtstag. Da holte sie immer von den großen, blauen Glockenblumen aus dem Wald, die die Mutter so sehr geliebt hatte, um damit ihr stilles Grab zu schmücken.

Noch schlief alles im Haus. Die Sonne war eben aufgegangen. Über dem See und den Wiesen lagen silberweiße Frühnebel. Sie hatte sich ein kurzes, fußfreies Kleid und feste Stiefel angezogen, denn das Gras war naß vom Tau. So ging sie, einen Schal um die Schultern, einen Korb am Arm, ohne Hut, den schmalen Fußweg am See entlang, auf dem die abgefallenen Blätter schon so herbstlich raschelten.

Ihre Gedanken waren bei der verstorbenen Mutter. Wenn sie ihr auch innerlich nie richtig nahe gestanden hatte, so sehnte Sabine sie doch gerade jetzt so sehr herbei. Vielleicht kam diese feine Kluft, dies kühle Verhältnis, dies gegenseitige Sichnichtverstehen trotz aller Liebe damals auch nur daher, daß die Mutter schon eine schwerkranke Frau war und sie, Sabine, ein leichtsinniger, fröhlicher Schmetterling, der sich nicht hineinversetzen konnte in die Gemütsverfassung und nervöse Unruhe eines Menschen, der den Tod vor Augen hatte. Sabine litt in dieser stillen Morgenstunde schwer darunter, ihrer Mutter nicht mehr gewesen zu sein, sie nicht lieber gehabt zu haben. Sie sah sie vor sich, mit dem blassen Gesicht und den großen, hungrigen Augen. Ja, sie war ihr Leben lang hungrig gewesen nach Liebe, und gerade das liebste von ihren Kindern, ihr Jüngstes, ihr Sabinchen, hatte ihr die so wenig gezeigt. Oder kam ihr das jetzt nur so vor, weil sie solche Sehnsucht nach der Mutter hatte? Solche brennende Sehnsucht?

Sie wischte die Tränen fort, die ihr in die Augen

kamen, und bückte sich langsam, um die großen blauen Glockenblumen zu pflücken.

Was für Mengen hier noch wuchsen! Und wie grün der Wald hier noch war! Sie pflückte immer eifriger, bis ihr Korb voll war und sie außerdem noch einen großen Strauß in der Hand hatte. Dann setzte sie sich müde auf einen Stein am Weg, um auszuruhen, mitten unter den Schatten einer großen, alten Buche.

Und wie sie nun da so in ihre Gedanken vertieft saß, im hellen Morgenkleid, den ganzen Schoß voll blauer Glockenblumen, und das kleine Herz so voll Sehnsucht nach irgendeinem Menschen, mit dem sie sich aussprechen könnte – kam langsam und schlank, in seiner grünweißen Uniform, der General Rustand des Weges.

Sie wunderte sich weiter gar nicht und erschrak auch nicht. Das mußte wohl alles so sein.

Dafür wunderte er sich um so mehr.

„Mon Dieu, Baronesse, was tun Sie so früh hier im Wald?"

Er beugte sich zu ihr hinab. Da sah er all die Glockenblumen in ihrem Schoß.

„O, so fleißig sind Sie gewesen? Wie schön!"

Sie sah ihn nur groß und froh an.

„Wie gut, daß Sie kamen. Ich wollte Sie gerade so gern etwas fragen, General."

„Mich? O, bitte, Baronesse, ich stehe zur Verfügung."

Er setzte sich ihr gegenüber auf einen anderen großen Stein und nahm den Degen zwischen die Knie.

„Eh bien, Baronesse, ich bin gespannt."

Sie sah groß und lange in sein Gesicht. Dann holte sie tief Atem. All ihre Furcht und Zweifel schienen wie verflogen. Seine Nähe hatte etwas so unendlich Beruhigendes.

„Sie sehen so ernst aus, Baronesse. Sie – Sie haben doch nicht geweint?"

Er beugte sich nach vorne und sah ihr in die Augen. Das hatte so etwas Väterliches, daß es sie gar nicht störte.

„Ich – hatte nur an meine Mutter gedacht. Heute ist ihr Geburtstag."

Sie kämpfte wieder mit den Tränen. Ihre Lippen zitterten leise, als sie sprach.

Da stand er auf und kam dicht zu ihr heran.

Seine Stimme war seltsam weich geworden.

„Sie haben keine Mutter mehr? Armes Kind, das wußte ich ja gar nicht. Armes, liebes Kind."

Er strich ihr weich mit der Hand über das Haar.

„Ja", sagte sie leise, abgebrochen, „und wenn man keine Mutter mehr hat, dann weiß man oft gar nicht mehr, was das Rechte ist. Dann kann man wirklich nichts dafür, wenn man schlecht wird, und eigensinnig – und egoistisch."

Er setzte sich wieder auf den Stein ihr gegenüber. Jetzt mußte er lächeln.

„Liebe, kleine Baronesse, Sie wollen doch damit nicht sagen, daß Sie das alles sind?“

„Doch, General Rustand.“

„Dann versuchen Sie von jetzt ab, es nicht mehr zu sein. Ich denke, das ist einfach genug. Sehen Sie, nun lächeln Sie wieder, das ist recht. Und nun, wollten Sie mich noch etwas fragen?“

„Ach ja! Aber erst: Wie geht es Ihrem Pferd?“

„Danke, glücklicherweise fast ganz gut. Sein Verlust wäre mir auch außerordentlich schmerzlich gewesen.“

„Ist es ein so kostbares Pferd?“

„Das weniger. Aber es ist mir lieb wie ein treuer Freund. Sehen Sie, es war schon in Ägypten mein Begleiter. Wir zwei, mein Schimmel und ich, gehören unzertrennlich zusammen.“

„Darf ich ihn morgen einmal sehen?“

„Es wird meinem Anvil und mir eine große Ehre sein, Baronesse. Wirklich, mein Pferd freut sich, wenn ich mich freue. Je weniger ich mich noch an Menschen hängen kann, desto fester an Tiere.“

„Haben Sie denn keine Angehörigen mehr?“

„Ich war schon Waise, als ich nach Brienne auf die Militärschule kam. Ich hatte noch zwei Brüder, der eine fiel bei Lodi, der andere in Syrien. Eine Schwester ist in Paris verheiratet. Leider sehr gut und sehr reich verheiratet.“

„Warum leider?“

„Weil wir innerlich dadurch eine starke Trennung erlitten haben. Meine Schwester hat mir einmal sehr nahe gestanden. Durch ihre Heirat sind wir so ziemlich auseinandergekommen. Sie hätte es nie tun dürfen."

Sabine sah erstaunt auf.

„Halten Sie Heiraten denn für eine Sünde?"

Er lachte lustig.

„O nein, Baronesse. Aber es gibt einen Unterschied zwischen Heirat und Heirat. Diejenigen Heiraten, die ohne Liebe geschlossen werden, halte ich immer für eine Sünde. Eine Sünde gegen sich selbst und gegen die kommenden Geschlechter. Und meine Schwester hat ohne Liebe geheiratet, weil sie eine Stellung, ein Vermögen haben wollte. Darum verkaufte sie ihre Seele. Seitdem verstehen wir uns nicht mehr."

„Aber, General, wenn sich zwei heiraten, dann haben sie sich doch immer lieb."

„Liebe, kleine Baronesse, Sie kennen Paris nicht, Sie sind so ein echtes, gutes, deutsches Landkind. Ach, viele Ehen werden wohl ohne Liebe geschlossen."

Sabine sprang auf. Ihre Augen flammten. All ihre Glockenblumen fielen wie ein blauer Teppich zu Boden.

„Aber in Preußen tut man so etwas nicht, Herr General, ganz bestimmt nicht. Papa und meine Mutter haben sich liebgehabt, und Großvater und Großmutter, und Ferdinande und Trach – "

Sie sann nach, ob sie nicht noch mehr wüßte. „Und unser armer König und die Königin Luise –"

Wieder dachte sie nach, wie sie ihn noch mehr überzeugen könne.

Da sahen sie seine übermütig lachenden Augen an.

„Und Sie werden einmal auch nur aus Liebe heiraten, nicht wahr, Baronesse?"

Sie stampfte ärgerlich mit dem kleinen Fuß auf.

„Aber ich habe es Ihnen doch eben gesagt, Herr General, daß man es in Preußen einfach gar nicht anders tut."

Da wurde er ernst.

„Werden Sie doch nicht so böse, Baronesse. Sehen Sie, ich bin ja ganz Ihrer Meinung, daß es etwas sehr, sehr Häßliches ist, wenn zwei sich ohne Liebe heiraten. Weil die Ehe dazu viel zu ernst und zu heilig ist. Und sie werden so unglücklich nachher, so namenlos unglücklich. Lieber, viel lieber soll man einsam bleiben, wenn man das nicht findet, was man sucht, als zeitlebens mit einer Lüge herumlaufen, sich selbst und andern zum Gespött. Sehen Sie, Baronesse, darum bin ich auch einsam geblieben."

Sie sah ihn lange und forschend mit ihren großen Kinderaugen an.

Dann sagte sie: „Ich könnte Sie mir auch gar nicht vorstellen mit einer Frau, die Sie nicht liebten."

Er zog ihre Hand an seine Lippen.

„Das war wieder eine Schmeichelei, Baronesse. Sie dürfen mich nicht so verwöhnen mit Ihren Schmeicheleien."

Sie sah ihn erstaunt an.

„Warum war denn das eine Schmeichelei, General?"

Aber da fiel ihr Blick auf all ihre mühsam gepflückten, verstreuten Blumen und sie bückte sich schnell, um sie wieder aufzusammeln.

Ohne ein Wort zu sagen, half er ihr dabei. Als keine Blume mehr am Boden lag, hielt er ihr die Hand mit dem großen, blauen Strauß entgegen.

„So, wer hat nun den größeren?"

„Ich fürchte, Sie", lachte sie, nahm ihm dankend die Blumen aus der Hand und legte sie in den Korb.

„Jetzt müssen wir wohl langsam nach Hause."

„Ach ja, recht langsam", sagte er – „es ist so schön hier im Wald."

„Aber Sie sind doch gerade erst angekommen, General, wollen Sie nicht noch weiter gehen?"

„O nein, Baronesse, ich möchte Sie lieber begleiten, das heißt, wenn Sie es erlauben?"

„Aber ja, dann kann ich Sie gleich noch etwas fragen."

„Schon wieder?"

Sie nickte, nahm den Strauß in die rechte Hand und hängte den vollen Korb über den linken Arm.

Den wollte er ihr tragen, aber das ließ sie nicht zu.

„Denn das sieht doch dumm aus, ein General mit einem Korb Glockenblumen."

Und sie mußte über dies Bild laut lachen.

Da gingen sie friedlich auf dem schmalen Waldweg nebeneinander her, während die Buchen im Morgenwind rauschten, und die Sonne immer höher stieg und siegend allen Nebel verjagte.

Sie dachte erst eine ganze Weile nach. Dann holte sie tief Atem und sagte endlich – stockend – fast zögernd: „Sehen Sie, General, ich möchte so gern etwas wissen, was ich nicht verstehe. Nämlich, wenn Frankreich und Preußen Feinde sind, müssen wir beide, Sie und ich, dann auch Feinde sein?"

„Aber das will ich doch nicht hoffen, Baronesse. Sind Sie mir so feindlich gesinnt?"

Sie schüttelte den Kopf. Ihr Gesicht wurde traurig.

„Aber man wird zu Hause wünschen, daß es so ist."

„Man? Wen meinen Sie damit, Baronesse?"

„Papa und Großvater."

„Ihr Herr Vater war so überaus liebenswürdig gegen uns, daß ich mir das gar nicht denken kann. Und Ihren Großvater kenne ich nicht."

„Weil er Sie nicht kennen will. Er haßt alle Franzosen."

„Was ich auch ganz begreiflich und durchaus gerechtfertigt finde. Ich würde an seiner Stelle genau dasselbe tun."

„Aber nun soll ich auch alle Franzosen hassen. Das verlangt Großvater als meine Preußenpflicht."

„Eh bien. So hassen Sie doch ruhig alle Franzosen."

„Ja, aber Sie sind doch auch ein Franzose."

Das klang so traurig und bekümmert, daß er stehen blieb.

Zuerst nahm er ihr behutsam den Korb mit Glockenblumen aus der Hand, dann den Strauß, und legte beides auf die Erde.

Dann nahm er ihre beiden kleinen Hände zwischen seine großen und sah ihr warm in die Augen.

„Sie liebe, kleine, deutsche Baronesse, Sie. Und mich können Sie nicht hassen?"

„Aber nein, ich kann's wirklich nicht. Ich hab's schon so sehr versucht. Damit ich mir keine Vorwürfe als Preußin zu machen brauche."

Er hielt noch immer ihre Hände fest.

„Ich will Ihnen etwas sagen, mein Kind. Wenn wir beide zusammen sind, oder auch wenn wir getrennt sind und aneinander denken, dann sind wir weder französisch noch preußisch. Dann sind wir eben einfach weiter nichts als zwei Menschen. Nur zwei Menschen, zwei gute Freunde, ja? Und mögen sich Frankreich und Preußen noch so viel in den Haaren liegen, wie sie nur wollen, das soll uns beiden gleich bleiben, nicht wahr? Wir bleiben doch immer Freunde."

Wie weich er das sagte, und wie zart. Sie hätte das dem großen, ernsten Mann nie zugetraut. Und sie sah so dankbar und glücklich mit ihren großen, dunklen Augen zu ihm auf.

Ja, das war schön, zwei gute Freunde, die wollten sie sein. Zwei treue, gute Freunde, was auch die andern sagen mochten.

Und sie holte tief Atem.

„Ich wußte ja, daß Sie mir helfen würden. Nun bin ich wieder ganz froh."

Er drückte noch einmal fest, fest ihre Hände.

„Mein kleiner Freund."

Dann ließ er sie los, bückte sich schnell und gab ihr die Blumen wieder.

So brachte er sie bis an die Haustür, wo er sich verabschiedete, denn er hatte noch im Hof zu tun.

Sabine aber war den ganzen Vormittag so glücklich und selig wie schon lange nicht mehr und lachte und sang, treppauf, treppab.

Denn konnte man noch traurig sein, wenn man einen solchen Freund hatte? Das wäre doch undankbar gewesen.

Als sie nach Tisch zum Großvater kam, stand er am Fenster, die Arme gekreuzt, die Stirn in Falten.

„Komm hierher, Sabine!"

Seine Stimme klang hart. O Gott, was hatte sie nur wieder getan?

„Sage einmal, Sabine, bist du eine Wart oder nicht? Schämst du dich gar nicht, lustig schwatzend neben einem von diesen Franzosen herzulaufen, dicht an meinem Fenster vorbei? Ich war einfach entsetzt, Sabine. Wenn dir dein Gefühl nicht selber sagt, was das bedeutet – für eine deutsche Frau – mehr, als unumgänglich nötig ist, mit einem Franzosen zu reden, dessen sogenannter Kaiser sich erdreistet hat, unsere Königin so zu beleidigen – wenn du das nicht selber fühlst – kannst du mir leid tun, Sabine. Ich kann dich also noch nicht wie eine deutsche Frau – ich muß dich wie ein Kind behandeln. Und so verbiete ich dir denn von jetzt ab, auch nur noch ein einziges Wort mit irgendeinem dieser – Franzosen zu reden. Nicht eine einzige Silbe mehr! Ja, ihnen, wo du nur kannst, aus dem Wege zu gehen. Hast du verstanden?"

Sabine sah ihn entgeistert an. Ihr Gesicht war weiß. Sie begriff noch nicht was der Großvater eigentlich meinte.

„Großvater – bitte – höre mich doch. Er ist ja nicht Franzose, er ist dann ja nur ein Mensch – ein –"

„Schweig", rief der Alte und stieß mit dem Krückstock auf die Erde, daß es krachte. „Rede nicht noch Unsinn. Also ich hoffe, du hast mich verstanden. Du kannst jetzt gehen."

Sabine wollte noch etwas sagen, erklären – aber die Kehle war ihr wie zugeschnürt.

Zitternd, mit großen, leeren Augen ging sie davon. Immer weiter, durch den ganzen Garten, bis zum Kirchhof hin, wo sie heute morgen das Grab der Mutter geschmückt hatte.

Da fiel sie in die Knie und drückte ihren Kopf in die Glockenblumen und weinte bitterlich.

*

Sie wagte kaum mehr in den Garten oder über den Hof zu gehen, aus Furcht, ihn zu treffen. Sie hatte so große Sehnsucht, nach dem Tee in ihre geliebte, stille Bucht zu rudern. Aber das durfte ja nicht sein! Denn wenn er gekommen wäre, so hätte sie ja fliehen müssen. Ach, warum hatte der Großvater das gesagt! Warum hatte er das gesagt! Nun rückten sie bald aus, und sie durfte nicht einmal von ihm Abschied nehmen. Er war so gut und freundlich zu ihr gewesen, wie noch nie ein fremder Mensch. Und sie durfte ihm nicht einmal dafür danken. Was mußte er von ihr denken?

Müde ging sie die Treppe hinauf zu ihrem Giebelstübchen, um sich eine Arbeit zu holen. Als sie wieder hinunter wollte, hörte sie seinen festen Schritt auf der Diele.

O Gott, was sollte sie tun? Aber noch ehe sie umkehren konnte, kam er ihr schon entgegen.

„Ah, Baronesse, das trifft sich ja prächtig! Sie

wollten doch meinen Schimmel sehen? Er wird gerade unten auf und ab geführt. Darf er sich Ihnen präsentieren?"

Sie hatte die Hände zusammengepreßt, flehend, wie ein kleines Kind. Aus ihren Wangen war alles Blut gewichen. Hilflos, verzweifelt sah sie ihn an.

Er stand jetzt neben ihr auf derselben Stufe.

„Um Gottes willen, Kind, wie sehen Sie aus? Sie sind doch nicht krank?"

Sie schüttelte langsam den Kopf.

Große Tränen standen in ihren Augen.

„Ich – ich darf nie mehr mit Ihnen sprechen. Großvater hat es verboten. Weil Sie ein Franzose sind."

Sie hielt sich am Treppengeländer, weil ihre Knie so zitterten.

Einen Augenblick war es ganz still zwischen ihnen. Unten hörte man Mamsell mit den Herdringen klappern.

Da schüttelte er langsam und traurig den Kopf.

„Das ist wirklich sehr schade, mein kleiner Freund, sehr, sehr schade. Aber Sie dürfen das Gebot Ihres Großvaters nicht übertreten, ich möchte Ihnen um alles in der Welt keine Unannehmlichkeiten bereiten. Um alles in der Welt nicht. Darum wollen wir jetzt schnell Abschied voneinander nehmen. Wir reiten nämlich morgen. Und zwar geht es nach Spanien, wenn mein Kaiser aus Erfurt zurück sein wird. Gott behüte Sie, mein kleiner

Freund. Sie haben mir ein Fünkchen Sonnenlicht gebracht in all dem Kriegslärm. Wir wollen uns nicht vergessen – nein?“

Er hatte ihre beiden Hände genommen und sah ihr warm in die Augen.

Sie sah ihn an, lange und durstig. Wie wenn sie sein Bild in ihre Seele aufnehmen wollte. Zug für Zug, Linie für Linie. Denn sie sah ihn ja nun nie wieder. Aber sie konnte nicht weinen – und auch nichts sagen – gar nichts.

Da küßte er langsam ihre Hände – und ließ sie los – und ging nach oben. Hart fiel die Tür ins Schloß, daß sie zusammenfuhr. Sie stand unbeweglich, wie erstarrt.

Unten ging eine Tür.

Sie hörte Tante Neldchens Stimme, die nach ihr rief.

Da jagte sie wie gehetzt die Treppe hinunter, warf die Arbeit auf einen Tisch und stürzte in den Garten, die Kastanienallee entlang. Nur schnell, schnell, daß niemand sie zurückriefe.

Mit zitternden Händen riß sie die Kette vom Steg und sprang ins Boot. Und ruderte, bis sie weit vom Ufer war und niemand sie mehr holen konnte.

*

Es war ein grauer, nasser Regentag, als Sabine am andern Morgen zu Magister Fidelius in die Klavierstunde fuhr. Der Regen klatschte so eintönig an die klappernden Fensterscheiben, und sie starrte so müde auf die taumelnden Tropfen, die da zögernd oben am Fenster hingen und dann leise zum nächsten Tropfen liefen, bis sie größer und größer wurden und endlich pfeilgeschwind am Glas entlang rollten, andauernd – unablässig. Gestern abend war noch ein so klarer Sternenhimmel gewesen, da hatte Sabine lange am Fenster gestanden und in die Nacht hinausgestarrt. Aber dann, gegen Morgen, waren Wolken gekommen – schwere, dunkle, naßgraue, und ein feiner, gleichmäßiger Herbstregen hatte die ganze Landschaft in dicke Schleier gewickelt – undurchdringlich dick und trostlos. Der Weg zum Städtchen war schon aufgeweicht, und die schwerfällige Kutsche knarrte in allen Fugen und taumelte von einem Geleise ins andere, so daß Sabine auf den lila Samtpolstern hin- und hergerüttelt wurde.

Im Städtchen war lautes Treiben, trotz des Regens. Die dort einquartierten französischen Regimenter marschierten auf dem Marktplatz auf, bereit zum Ausrücken. Neugierige Straßenjungen saßen auf Zäunen und Dächern, um dem spannenden Schauspiel zuzusehen. Krischans Schimmel konnten sich kaum einen Weg durch die Menge bahnen.

Hastig und scheu stieg Sabine beim alten Fidelius aus und huschte die vier Treppen empor. Dann spielte sie mit zitternden Fingern und abwesenden Augen ihre kaum geübte Sonate, wobei sie natürlich wieder das Zählen vergaß. Aber Magister Fidelius war ja geduldig, er kannte das schon bei der Demoiselle. Dazwischen klangen französische Kommandos und schmetternde Signale vom Marktplatz herauf.

„Die Demoiselle sehen angegriffen aus“, sagte Magister Fidelius und klappte leise das Notenheft zusammen. „Wir wollen dann lieber nur Etüden spielen, wenn es der Demoiselle recht ist.“

Sabine war heute alles recht, sie wußte kaum, was sie spielte. Als die Stunde dann endlich zu Ende war und sie sich verabschiedet hatte, stieg sie müde und langsam die Treppe wieder hinab. Ratlos stand sie vor der Haustür, denn der Marktplatz war mittlerweile von französischen Soldaten abgesperrt worden und Krischan mit seiner Kutsche nirgends zu entdecken.

Sie zwängte sich ängstlich in dem leise rieselnden Regen durch die gaffenden Leute in die nächste Querstraße, wo vor dem „Gasthof zum weißen Hammel“ ihr Wagen hielt. Ein Hausknecht in grüner Schürze, der vor der Tür gestanden war, sprang herbei, als er sie erkannte und riß den Wagenschlag auf. Krischan drehte sich auf dem Bock um und deutete mit dem Peitschenstiel rückwärts.

„Ich konnt da nicht hin, Demoiselle, von wegen die vermaledeiten Franzosenkerls."

Sie hatte schon den Fuß auf das Trittbrett gesetzt, um einzusteigen, als plötzlich zwei Reiter vom Markt herangaloppierten: General Rustand und sein Adjutant. Er hatte sie erkannt und ritt dicht an die Kutsche heran.

„Verzeihung, Baronesse, wenn ich Sie noch einmal anrede, aber dieser Zufall war doch zu verführerisch. Ich wollte eben die Front eines meiner Regimenter abreiten, als ich den Alt-Reckower Wagen erkannte. Noch einmal also von Herzen adieu – Sie wissen doch, was dies Wort bedeutet – aber Sie sollen hier nicht so im Regen stehen, ich will Sie nicht länger aufhalten. Adieu!"

Er reichte ihr vom Pferd herab die Hand, mit starkem, festem Druck.

Da riß sie sich zusammen.

„Nun sehe ich doch noch einmal Ihren Anvil", lächelte sie, aber ihr Gesicht war weiß.

Er schüttelte den Kopf.

„Das ist ein Irrtum, Baronesse. Den wage ich noch nicht wieder zu reiten, der kommt mit dem Zug nach."

Da stieg sie in den Wagen, während der Hausknecht vom „Weißen Hammel" in der grünen Schürze den Schlag hinter ihr zumachte.

Sie ließ das Fenster herunter und gab dem General noch einmal die Hand.

Dann wandte er sein Pferd, legte grüßend zwei Finger an den Dreispitz, schnalzte mit der Zunge und rief laut – man wußte nicht, ob es für seinen Gaul oder den wartenden Adjutanten bestimmt war: „En avant!“

Sie hörte ihn wieder zum Marktplatz zurückreiten, aber sie konnte nichts mehr sehen, die Kutsche ratterte schon schwerfällig davon, in entgegengesetzter Richtung.

Gegen die Scheiben aber trommelte noch immer der Regen, das klang wie in eintönigem Takt: En avant, en avant!

Kerzengerade, unbeweglich saß sie in der Kutsche und starrte vor sich hin. En avant! en avant! trommelte der graue Regen. En avant! en avant! jauchzten die französischen Hörner hinter ihr.

*

In Alt-Reckow schlich die Zeit ihre altgewöhnte, ausgetretene Straße. Mit Sturm und Regen kam der Herbst und wirbelte die trockenen, braunen Blätter über die Stoppelfelder. Immer kahler wurden die Bäume im Park, immer dichter morgens der Nebel auf den Wiesen und über dem See. Sabine half Tante Neldchen im Haus, wo sie nur konnte. Auch um den Vater war sie viel mehr als sonst. Sie wußte, er freute sich darüber, und so stapfte sie denn in hohen Stiefeln neben ihm her durch die feuchten, duftenden Ackerschollen, während er ihr von den wirtschaftlichen Verlusten der letzten Jahre erzählte, und von den erhofften Ernteaussichten für die nächsten. Sie hörte geduldig zu und gewann allmählich sogar Interesse für das, was er sagte. Wenn das Wetter es zuließ, ritt sie auch viel mit ihm aus, und oft gesellte sich Hans Lenchow dazu. Dann sprachen sie von den großen Ereignissen draußen in der Welt, von Steins Entlassung und Österreichs heimlichem Rüsten. Dann lauschte Sabine mit fest zusammengepreßten Lippen auf Nachrichten vom Kriegsschauplatz in Spanien und Portugal, und wagte es doch nicht, in geheimer Angst und unbewußter Scheu, eine Frage dazwischenzuwerfen, ob man nicht irgendwo den Namen des Generals Rustand gelesen habe, ob er gesund sei oder verwundet, ob er siege oder zurückweiche. Diese stete Ungewißheit, dies stets Auf-der-Hut-sein-müssen war so qualvoll.

Großvater war finsterer und eigensinniger denn je, man konnte ihm nichts recht machen.

So kam der erste Advent des Jahres 1808 heran, mit großen, weichen Schneeflocken und einem kleinen Lichterbäumchen in der Halle. Jürgen war aus Berlin herübergekommen, um den Tag mit seiner Familie zu Hause zu feiern. Ebenso Hans Lenchow.

Sie saßen rauchend und plaudernd nach Tisch in

Vaters warmer Stube, während Tante Neldchen auf der Ofenbank Strümpfe für Weihnachten strickte. Da war Sabine leise herausgeschlüpft, hatte die Pelzjacke übergeworfen und war in den Garten gegangen. Es war so warm und stickig da drinnen, sie sehnte sich nach frischer Luft und Bewegung. So ging sie die lange Kastanienallee entlang, deren Äste schwarz und kahl gegen den grauen Himmel starrten. Eine feine, dünne Schneedekke lag wie weißer Puder über der Erde. Es war nicht sehr kalt, der See hatte auch noch keinen Versuch gemacht, zuzufrieren. Sie ging den schmalen Pfad am Ufer entlang, der zum Wald führte. Wie oft war sie diesen Weg schon gegangen nach jenem goldklaren Septembertag, als sie sich in der kleinen Bucht in Genovefa vertieft hatte. Und jedesmal waren ihre Gedanken in die Vergangenheit zurückgewandert, jedesmal sah sie die grünweiße Uniform zwischen den schwarzen Stämmen schimmern – so wie damals, als er ihr von seinen Kriegszügen erzählt hatte, und von seinem Kaiser.

Wenn Sabine Wart allein war, ging sie eigentlich immer diesen Weg. Sie tat es ganz mechanisch, fast unbewußt. Sie mußte ihn einfach gehen, sie wußte selbst nicht, warum. An jeder Wegbiegung, bei jeder Baumwurzel blieb sie ein Weilchen stehen und rief sich jedes Wort wieder ins Gedächtnis zurück, das hier zwischen ihnen gefallen war. Sie wußte noch so genau jeden Satz, den er gesprochen hatte und sie zehrte daran in ihren einsamen Erinnerungen.

Greifbar deutlich, wie in Stein gemeißelt, hob sich dann aus all dem bunten Durcheinander der Vergangenheit die hohe straffe Gestalt Rustands. Dann setzte sie sich wie damals auf den Stein unter die Buche, legte die Hände um die Knie und sah sich satt an diesem Bild, das sie von ihm in ihrer Seele trug. Das sie oft in banger scheuer Angst auszulöschen sich mühte, weil es sie erschrecken konnte und bange machen, weil es Sehnsüchte, Gefühle in ihrer Seele weckte, die Sabine Wart früher nie gekannt hatte. Aber es war nicht fortzuwischen, es war einfach unmöglich. Immer wieder war es da, bald deutlicher, bald verwischter – aber immer gerade dann, wenn sie es selber am wenigsten vermutete – beim Schachspielen in Großvaters Stube – beim Reiten mit Vater und Hans Lenchow, beim Helfen in der Küche – immer, immer.

Und Sabine war diesem jäh auftauchenden Bild gegenüber so hilflos. Sie wußte nie recht, wie sie sich ihm gegenüberstellen sollte – durfte. Weil sie an Großvaters Worte dachte und Angst hatte, er könnte mit seinem scharfen, alles durchdringenden Blick in ihrer Seele lesen und wieder wie damals sagen: „Du bist keine echte Wart, du bist keine Preußin!“ Bis dann jäh, wie eine Erlösung, jene Worte wieder in ihrem bangen, kleinen Herzen wach wurden: „Wenn wir beide aneinander denken, dann sind wir eben weiter nichts als zwei Menschen, zwei gute Freunde."

Dann konnte es geschehen, daß ein tiefer Seufzer ihre Brust hob und ihre dunklen Augen wieder lachten wie früher. Auch jetzt, als sie durch den stillen, weißgrauen Wald ging, dachte sie wieder an diese, ihr so unendlich tröstlichen Worte. Und sie zog die Hände aus der großen Pelzmuffe und strich liebkosend über den alten Buchenstamm und den kalten Stein, die ganz verwundert über diese Zärtlichkeit waren und sie erstaunt aus ihrem gestörten Winterschlaf anblinzelten. Sabine ging den Waldweg immer weiter, die Wangen waren von der kühlen Luft gerötet. Krächzend hob sich ein Krähenschwarm aus der niedrigen Birkenschonung und schwirrte wie eine schwarze, flatternde Silhouette gegen den gelbroten Abendhimmel, der zwischen den kahlen dunklen Baumstämmen schimmerte.

So kam Weihnachten heran. Sabine hatte allerhand kleine Überraschungen für Ferdinandes Kinder nach Polten geschickt, dem Großvater ein neues Lesezeichen gearbeitet, Vater einen grünen Lampenschirm und Tante Neldchen einen gelben Hut. Im großen Saal, wo die Ahnenbilder hingen, stand der Tannenbaum, darunter die Tische. Es war ein stilles, ernstes Fest gewesen, obwohl Jürgen und Graf Folken aus Berlin gekommen waren. Zu Silvester sollten noch Hans Lenchow und Katte kommen. Das freute Sabine, sie sehnte sich förmlich nach Menschen und anderen Gesichtern. Und doch fehlte ihr die rechte Silvesterstimmung. Woran das lag? Niemand wußte es zu sagen. Sie hatten noch einmal alle Lichter am Tannenbaum angezündet, die schimmerten so froh und verheißungsvoll aus dem dunklen Grün. Sogar der Großvater hatte zur Feier des Tages sein einsames Zimmer verlassen und saß im tiefen Lehnstuhl, das scharfe Kinn auf den Krückstock gestützt, im Kreise seiner Familie. Jürgen goß im Hintergrund dampfenden Punsch in die Gläser, Tante Neldchen sah mit gefalteten Händen in die brennenden Lichter. Sabine stand am Fenster und starrte in die wirbelnden Flocken. Graf Folken war zu ihr getreten.

„Woran denken Sie, Fräulein Sabine? Sie haben heute gar kein frohes Silvestergesicht."

Sie sah zu ihm auf, wie traumverloren.

„Muß man an Silvester ein anderes Gesicht haben als sonst?"

Er nickte. „Ja, das muß man. Denn da sammelt man noch einmal die wichtigsten Erlebnisse des vergangenen Jahres, packt sie in ein Bündel und schnürt sie fest zusammen und sagt stark, ob es nun Gutes oder Schlechtes enthält: Das war! Dann legt man das Bündel beiseite und hebt die leeren Hände dem kommenden, neuen Jahr entgegen und sagt: Ich bin bereit! So komme, was da kommen soll. Ob es Liebes oder Böses sei, ich habe starken Mut, mein Gott! Wenn man so denkt, muß man dann zu Silvester nicht ein besonderes Gesicht haben?"

Sie nickte ernst.

„Ich möchte lachen und kann nicht. Es liegt in der Luft wie Tränen. Ich habe so wenig Mut, Graf Folken, ich habe Angst vor der Zukunft."

Mit lachendem Gesicht trat Hans Lenchow zu ihnen und hob sein Glas. „Kusinchen, auf das allerschönste, was es gibt für dich!"

Da drehte sich Tante Neldchen um.

„Ja, Hans, da stoße ich mit an. Auf Sabinchens Brautschleier und Myrtenkranz."

Hans Lenchow wurde rot. Sabine sah erstaunt zur Tante hinüber. „Ich weiß gar nicht, was du redest, Tantchen. Ich will mich doch nicht verloben."

Tante Neldchen schmunzelte. „Wer weiß, was das neue Jahr bringt. Ich habe so meine Ahnungen. Kinder, es ist gleich zwölf Uhr, und ihr wollt doch noch Blei gießen."

Flackernde, rote Lichter warf das Kaminfeuer durch den Saal. In ihren knappen, dunklen Schnürenröckchen standen die Husaren um die Flammen. Einer nach dem andern hielt die langstielige Kelle mit seinem Klumpen Blei über das Feuer, um ihn dann mit lautem Gezisch in die Wasserschale zu werfen. Wunderbare, rätselhafte Figuren kamen da zutage, und Tante Neldchen putzte ihre große Brille, um den andern aus diesen Bleiwundern mit weißem Gesicht die Zukunft zu deuten.

Obwohl eigentlich keiner daran glaubte, so standen doch alle mit neugierigen Augen und roten Wangen um den großen Tisch unter dem Tannenbaum und verfolgten gespannt das Erkalten des Bleis, das Tante Neldchen jedesmal mit spitzen Fingern aus dem Wasser hob. Sogar über das ernste Gesicht des Vaters lief ein flüchtiges Lächeln, als er auf die lustige Gruppe vor dem Kaminfeuer sah. Sabines herzliches Lachen tat ihm besonders wohl dabei. Er hatte sie so lange nicht von Herzen lachen hören, und sich schon seine Gedanken darüber gemacht.

„Aber liebstes Tantchen, du hast wirklich eine blühende Phantasie", Sabine schüttelte empört den Kopf, „dies sieht doch nie und nimmer wie ein Brautkranz aus?"

„Oder wie ein Verlobungsring", und Tante Neldchen hielt das bleierne Etwas prüfend hoch.

„Halt, jetzt komme ich dran!" Jürgen schob sich lachend zwischen die andern. „Wofür hältst du denn dies, Tante Neldchen? Das ist doch direkt eine Kugel."

„Ja, wirklich, eine glatte, runde Kugel!"

Alle Köpfe beugten sich prüfend über Jürgens Handfläche, auf der die soeben von ihm gegossene, kleine Bleikugel rollte.

„Was bedeutet das, Tante Neldchen?"

„Irgend etwas Kriegerisches, mein Junge, und natürlich viel Glück."

Jürgen schüttelte langsam den Kopf und spielte gedankenverloren mit der blanken kleinen Kugel.

„Vielleicht auch eine französische Kugel für mein Herz“, sagte er leise.

Da legte ihm Sabine die Hand auf den Arm.

„Die dummen Gedanken laß beiseite, hörst du, alter Junge? Das neue Jahr soll dir nur Glück bringen, viel, viel Glück, und eine liebe kleine Frau.“

Jürgen lachte und legte den Arm um die Schwester.

„Das ist bei euch Mädeln doch immer die Hauptsache, das Heiraten. Meinst du denn, kleine Sabine, daß wir in dieser ernsten Zeit überhaupt noch daran denken können?“

Graf Folken nickte.

„Ihr Bruder hat recht. Für uns gibt's jetzt nur eine einzige Parole und die heißt: Preußens Wiedergeburt. Davor muß alles Persönliche in den Hintergrund treten.“

Da hob der Großvater im Lehnstuhl sein scharfes, hageres Gesicht.

„Graf Folken, Ihr Glas, Sie sprechen aus, was ich Tag und Nacht denke: Preußens Wiedergeburt.“

Sie waren alle aufgestanden und hatten ihre Gläser gehoben.

Wie eine große, heilige Stille lag es über ihnen. Von den Uhren schlug es Mitternacht. Als der letzte Schlag verklungen war, hatten sie alle ihre Gläser geleert. Schwer setzte sich der alte Major mit dem bepuderten Rock aus der Zeit des großen Königs wieder in seinen Lehnstuhl.

„Ob ich es noch erleben werde, weiß Gott allein. Aber der Tag wird kommen. Vielleicht kommt er bald, vielleicht dauert es noch Jahre. Aber ihr, Kinder, werdet es erleben. Und ihr, Soldaten eures Königs, werdet darum kämpfen, vielleicht dafür sterben. Wer kann es wissen?"

Fern im Städtchen läuteten die Glocken. Die letzten Lichter am Tannenbaum zuckten vor dem Verlöschen noch einmal.

Über Preußens gebeugte Lande aber stieg langsam, tiefverschleiert das neue Jahr 1809.

*

Über die nassen Ackerfurchen flogen schreiend im Zickzack die ersten Kiebitze. Wunderbares Frühlingsahnen lag in der feuchten, duftenden Luft ringsum.

Überall war der Schnee geschmolzen, in allen Wagenspuren und Gräben rieselte das Tauwasser. Die Saaten standen in frischgrünem Schleier und über dem fernen Waldrand lag ein goldvioletter Farbton wie von kommenden Knospen. Aus dem braunen Laub unter den kahlen Bäumen lachten schon hier und da die weißen Anemonen und blauen Leberblümchen.

Jürgen und Sabine ritten den stillen Waldweg am See entlang. Durch die tiefblaue Luft hoch über ihnen flogen die Wildgänse im spitzen Dreieck nach Norden. Jürgen hob sich im Sattel, daß das Lederzeug knarrte.

„Ich finde, Vater ist in den letzten Monaten sehr gealtert. Nicht wahr, Sabinchen, wenn es losgehen sollte und ich in den Krieg muß, dann sorgst du für Vater, ja? Und tu ihm, was du kannst, zuliebe. Sein Leben ist kein leichtes gewesen."

Sabine sah erschrocken auf.

„Du redest so sonderbar, Jürgen, das ist doch selbstverständlich. Meinst du denn, daß es bald losgeht?"

Er zuckte die Achseln.

„Niemand weiß es, aber Schill tut oft so geheimnisvoll. Ich halte es ja vorläufig für ausgeschlossen, aber irgend etwas liegt in der Luft, ich weiß nicht, was."

Sie sah ihren Bruder von der Seite an. Wie hübsch und schlank er im Sattel saß und wie gut ihm der Schnürenrock stand. Sein schmales, bartloses Gesicht sah ernst aus, und er war doch sonst immer so lustig.

Sie klopfte schmeichelnd ihrem Fuchs den schlanken Hals.

„Aber zu Vaters Geburtstag kommst du doch, Jürgen? Und bringe auch Katte und Graf Folken mit, für Vater ist die Abwechslung so gut."

Er nickte und schob die Mütze ein wenig aus der Stirn, da ihm vom Reiten warm geworden war.

„Selbstredend komme ich, Sabine. Ob die andern Urlaub bekommen, hängt von Schill ab."

„Übrigens, Graf Folken scheint dich gern zu haben. Beruht das auf Gegenseitigkeit?"

Eine feine Röte sprang über ihr Gesicht. Sie spielte mit den Zügeln.

„Ich finde ihn sehr liebenswürdig, Jürgen, mehr aber auch nicht. Es ist dasselbe wie mit Hans Lenchow."

Jürgen lächelte.

„Vater und Tante Neldchen haben Lenchow so gern. Tante sprach neulich noch mit mir darüber, ob du ihn wohl möchtest. Er übernimmt nächstes Jahr Kleesdorf, das ist so schön nah bei Alt-Rekkow."

„Bester Jürgen, hat man dich etwa als Freiwerber losgeschickt? Das ist doch nicht gut möglich. Das ist mir nie im Traum gekommen, denn Hans ist doch mein Vetter."

„Na ja, dritten Grades, das schadet weiter nichts. Und er ist ein guter Junge und schwärmt für dich."

„Das tut jeder mal in seiner Jugend, das gewöhnt man sich später schon von ganz alleine ab. Ich will überhaupt nicht heiraten. Ich will bei Vater und Großvater bleiben."

Jürgen schüttelte ernst den Kopf.

„Das sagst du jetzt so, Sabinchen. Vielleicht weil Hans Lenchow noch nicht der Rechte für dich ist.“

Eine Weile ritten sie schweigend nebeneinander her. Leise klatschten die Wellen an das Ufer, durch die kahlen Baumäste funkelte golden die Frühlingssonne. Über der Birkenschonung jenseits des Sees lag es wie ein feiner, lichtgrüner Schleier, der sich zart von dem düsteren Tannengrund dahinter abhob.

„Sabine, eins versprich mir, daß du bei deiner einstigen Heirat unseres Vaters Wünsche berücksichtigst. Er hat dich so lieb und will nur dein Bestes. Dein Glück würde auch sein Glück sein. Aber was rede ich! Du hast ihn ja ebenso lieb wie ich. Du wirst ihm immer eine gute Tochter sein. Das weiß ich.“

Er suchte voll Liebe ihren Blick. Aber sie hatte die Augen gesenkt, ihr Gesicht war blaß. Dann hob sie den Kopf und holte tief Atem.

„Jürgen, ich weiß selbst nicht, wie es in mir aussieht. An so etwas mag ich noch gar nicht denken. Aber du darfst sicher sein: Was nur in meiner Macht steht, will ich tun, um unsern lieben Vater glücklich zu machen. Aber das ist ja auch selbstverständlich.“

Er nickte, und sie galoppierten schweigend über die frühlingsduftenden Ackerschollen.

*

Es war am Vormittag des 29. April. Hausflur und Treppen in Alt-Reckow standen gerade unter Wasser und Bürste, denn einen Tag vor Vaters Geburtstag machte Tante Neldchen immer einen Großputz. Die frisch gescheuerten Dielen dampften förmlich, dazwischen mischte sich siegreich durch Wasserdampf und Seifenduft ein feiner Geruch von frischgerührtem Kuchenteig. Am Tisch in der Küche standen Tante Neldchen und Mamsell, Mandeln schälend und Rosinen spülend. Jetzt stemmte Tante Neldchen die Arme in die Seite.

„Ich denke, es wird reichen. Wir wollen ruhig das große Blech nehmen, Mamsell. Der junge Herr ißt gerne Kuchen, und ich weiß nicht, wieviel Husaren er noch mitbringt."

Sabine kam zur Tür herein, die Ärmel hochgestreift bis über die Ellbogen, die zusammengeraffte, große Schürze voller Tannengrün und Frühlingsblumen.

„Ich will jetzt die Girlande flechten, Tantchen. Aber nicht hier, draußen auf der Terrasse ist es doch so schön. Übrigens habe ich vorhin schon die ersten Störche gesehen, und die Kuckucksblumen sind auch schon aufgeblüht. O, Tantchen, wie schön ist der Frühling dieses Jahr!"

Damit war sie singend wieder aus der Tür. Auf dem weißen Holztisch auf der Terrasse breitete sie ihre Schätze aus und begann die Girlande zu flechten. Ringsum aber hielt der Frühling jubelnd mit

Vogelsang und Blütenpracht seinen Einzug. In der langen Allee harkten die Dorfkinder fleißig den breiten Weg, und ihr lustiges Schwatzen mischte sich mit dem frohen Zwitschern der Sperlinge, die in der Efeuwand am Giebel lärmten. Blinzelnd lag Kora, Vaters großer, brauner Jagdhund, im Sonnenschein und schnappte von Zeit zu Zeit nach einer Fliege. Stolz führte Mutter Glucke ihre winzigen Kücklein über den Hof, während die dottergelben Gänschen schon schnatternd ihre ersten Schwimmversuche auf dem See machten.

Vom Hof her kam der Vater. Als er sein Sabinchen auf der Terrasse mit den Blumen sah, ging ein Leuchten über sein ernstes Gesicht. Er setzte sich neben sie auf die weiße Bank und sah ihren geschickten Fingern zu. Dabei sprachen sie von diesem und jenem.

„Eigentlich wundert es mich, daß von Jürgen noch keine Nachricht da ist, vielleicht kommt er im Laufe des Nachmittags selber."

Der Baron stützte den Kopf in die Hand und sah in den lachenden Frühling. Ein selten ruhiger, zufriedener Ausdruck lag in seinem Gesicht. Sabine strich ihm weich über die Schulter, dann flocht sie emsig weiter.

„Ich denke auch, es wird heute noch eine Nachricht von ihm kommen. Oder sollte er das vielleicht schon selber sein?"

Auf dem Hof hörte man Hufschlag, wie von

einem Reiter, der in Eile ist. Deutlich hörten sie Hans Lenchows Stimme, wie er Anton die Zügel zuwarf: „Sind die Herrschaften zu Hause? Wo ist der Baron?“

Dann kam er durch die Halle zu ihnen auf die Terrasse. Die Reitgerte hielt er noch in der Hand.

Der Baron streckte ihm freundlich die Hand hin.

„Wie nett, Hans, schönen, guten Morgen! Wir dachten schon, es wäre Jürgen.“

Sabine war lächelnd aufgestanden.

„Kann ich dir ein Frühstück holen, Hans? Du hast ja meist Hunger.“

„Danke, Kusinchen. Habt ihr Nachricht aus Berlin?“

Er fragte hastig, abgebrochen, wie es sonst nicht seine Art war. Dabei setzte er sich leicht auf das Geländer, mit der Gerte spielend.

Der Baron schüttelte den Kopf.

„Nein, hast du etwas gehört?“

Hans Lenchow nickte.

„Ja, verschiedenes sogar, was ich nicht verstehe. Wir sind doch allein?“

Er sprang auf und schloß die Tür zum Saal, dann kam er zu den andern zurück. Er warf noch einen kurzen Blick in den Garten, der jetzt um die Mittagsstunde leer und ausgestorben war. Dann trat er dicht an Vater und Tochter heran, seine Stimme vibrierte.

„Es geht Großes vor in Preußen. Aber was ich

euch jetzt sage, ist für keinen Dritten, es könnte sonst Schills Kopf kosten. Gestern in aller Frühe hat Schill sein Husarenregiment wie zum Exerzieren aus Berlin geführt. Dann, draußen vor den Toren der Stadt, forderte er unerwartet zum Versuch auf, das Vaterland zu befreien. Alle sind ihm gefolgt. Einige Kompanien Fußvolk und Freiwillige aus Berlin verstärkten ihn. Er ist über die Elbe und soll nach Magdeburg wollen. Er erwartet den Zulauf des ganzen Volkes. Wenn der ausbleibt, ist er verloren."

Der Baron war aufgestanden. Seine Knie zitterten.

„Der brave, brave Schill! Gott gnade ihm! Er ist ein Hitzkopf, ein Toller, der die Zeit nicht abwarten kann."

„Das sagen alle. Aber er muß ja durchdringen, Onkel – er muß ja! Wer so viel Mut und Vertrauen auf die eigene Kraft hat, der muß ja siegen. Wenn es erst bekannt wird, werden sie alle aufstehen und zu den Waffen greifen, alle, alle!"

Hans Lenchows Augen leuchteten. Der Baron war sehr ernst geworden.

„Noch hat der König nicht gerufen. Es ist eine große Verantwortung, die er da auf sich lädt. Und all das junge Blut, was er da mit sich reißt. Nun weiß ich, warum Jürgen mir keine Nachricht zukommen ließ. Gott helfe uns allen."

Er hatte sich auf den Tisch gestützt und sah in

den blühenden Garten, wo die gelben Schmetterlinge um die bunten, duftenden Hyazinthen taumelten. Aus seiner Brust kam ein Stöhnen. Dann schüttelte er den Kopf und ging schnell ins Haus.

Hans Lenchow sah dem Baron nach und drehte sich dann zu Sabine um.

„Verzeih mir, Sabine, daß ich gerade zu deines Vaters Geburtstag mit einer solchen Botschaft in euer Haus falle. Vielleicht sieht dein Vater auch zu schwarz. Vielleicht ist Schills eigenmächtiges Handeln gerade der Beginn einer großen, neuen Zeit, der Anfang der Wiedergeburt Preußens."

Sabine holte tief Atem. In ihre Wangen kam das Rot zurück.

„Nicht wahr, Hans, das meine ich auch. Es kann ja noch alles, alles gut werden. Gewiß greifen nun alle zu den Waffen und Preußen wird auf einmal frei. Schill wird dann unendlich geehrt, weil er der erste war, der den Anstoß dazu gab. Und sein Regiment, und Jürgen und Graf Folken und Katte! Ach, Hans, es muß gelingen, denn die sind ja alle dabei."

Hans Lenchow sah sie an, unbeweglich. Über sein Gesicht ging ein Zucken. Dann faßte er plötzlich ihre beiden ausgestreckten Hände und zog sie an seine Lippen.

„Ja, Sabine, wenn Preußens Frauen so überzeugt sind, wird Preußen siegen. Aber ich muß nach Hause, mein Rappe wiehert schon ganz ungeduldig. Lebe wohl, du reizendste aller Kusinen.“

Dann schloß sich die hohe Glastür hinter ihm. Aber Sabine merkte es gar nicht. Sie sah in den blauen Frühlingshimmel und dachte an den Bruder, der heute hinauszog, mit seinem König und für sein Vaterland!

*

In ganz Deutschland war der Frühling eingezogen, so farbenprächtig und blütenduftend, wie noch nie.

Gewaltig – monumental – wie die altehrwürdigen Denkmäler einer vergangenen Zeit spiegelten sich die Türme von Stralsund in den blauen Fluten der Ostsee. In schimmernden Dolden hing der blühende Flieder über die alte Stadtmauer. Jauchzende Schwalben schossen pfeilschnell über die silberne Fläche des Knieper- und Frankenteichs. Aber die Gesichter der Bürger von Stralsund sahen heute nicht nach Frühling und Sonnenschein aus. Es war der 31. Mai 1809. Wer den Tag erlebt hatte, konnte ihn nie vergessen, bis an den Tod nicht. Alle Tore waren fest verrammelt. Vor den Toren aber wütete der Feind. Ferdinand von Schill, alleingelassen mit seinen Husaren, von Tag zu Tag auf den erhofften Zulauf des Volkes wartend, von Preußen für einen Deserteur erklärt, von Napoleon geächtet, von westfälischen, holländischen, mecklenburgischen und dänischen Truppen verfolgt, war an die Niederelbe geflüchtet, um nach England zu entkommen. Vergebens hatte er vom 15. bis 18. Mai in Dömitz auf Hilfe gewartet, so war er endlich nach Stralsund gekommen, das er am 25. Mai besetzt hatte.

Es war um die Mittagszeit des 31. Mai, als Jürgen Wart mit verbundener Stirn über den Marktplatz galoppierte. Keuchend überbrachte er Schill, der bisher den Kampf am Tribseer Tor geleitet hatte, die Hiobsbotschaft, daß der Feind das Kniepertor erobert hatte. Wieder ging es über den Marktplatz zurück in die Knieperstraße, wo der Feind Schritt für Schritt Boden gewann.

Die Frühlingssonne lachte weiter vom wolkenlosen, blauen Himmel. Schwalben schossen jauchzend über die Dächer, und die altersgrauen Türme spiegelten sich ruhig, gewaltig in dem glitzernden Wasser – wie immer. In dichtem Gewühl wurde Schill in die Külpstraße gedrängt, und so von seinen Husaren getrennt. Er schaute sich um. Er war alleine, ohne Freund, ohne Kameraden. Nur Feinde, so weit die Augen gingen. Als er sah, daß nichts mehr zu halten war, wollte er sich durch die Flucht retten und versuchte, den Hafen zu erreichen. Aber er irrte sich in der Richtung. Er geriet in den Raum „Hinter St. Johannis“, sie umringten ihn. Quer über den Kopf sauste ihm ein wuchtiger Säbelhieb, wirr taumelte er in die Fährstraße. Da durchbohrte dem Schwerverwundeten eine Flintenkugel das Haupt. Auf hartem Stein, einsam, verlassen von den Seinen, die nicht mehr zu ihm gekonnt hatten, verblutete der Held, der die Freiheit für sein Volk – sein Land erkämpfen wollte.

Durch die Straßen von Stralsund schritt die Not. Blutig war ihre Spur. Der Kampf tobte weiter. Aber es war nur noch ein Verzweiflungskampf.

Am hohen Portal der Nikolaikirche lehnte ein schwer verwundeter Husar. Den Säbel hielt er noch in der linken Hand. Es war Jürgen Wart. Zu seinen Füßen lag ohnmächtig Graf Folken. Der junge Offizier stemmte sich an das Portal. Er wollte nicht umfallen. Stehend wollte er sterben. Wie ein rotes Band rieselte das Blut an ihm herunter.

Jürgen Wart dachte jetzt nicht an die Bleikugel, die er in der Silvesternacht in Alt-Reckow unterm Tannenbaum gegossen hatte, er dachte jetzt nicht an den letzten Ball in Berlin, wo er so schlank durch den schimmernden Saal getanzt war, sein Mädchen im Arm, weltentrückt, zum jauchzenden Klang der Geigen – er dachte jetzt nicht an die Attacken im märkischen Sand, wo er mit lachenden Lippen sein „Marsch, marsch, hurraa!" gebrüllt hatte – was ist das alles jetzt? War das nicht alles Kinderspiel gewesen? Oder doch nicht? War das das Leben? Das große, heiße, jauchzende, pulsierende Leben?

Wie heiß das Blut an ihm herunterrann. Er merkte nicht, daß seine Füße in einer Pfütze von Blut standen.

Aus der Dämmerung des Rathauses vor ihm knallten Schüsse, mehrere rasch hintereinander. Nur Blut und Pulverdampf sah er noch, sonst nichts weiter. Und da – einen Lauf – gerade auf ihn gerichtet. Wie im Impuls zur Abwehr hob er die linke Hand mit dem Säbel. Wie grauenvoll, daß jetzt der Tod schon kommen sollte – so früh – so früh?

Lautlos öffnete sich hinter ihm das hohe Portal. Er sank hintenüber. Unsichtbare Hände hielten ihn im Dunkel der Nikolaikirche. Ehe der Feind es erreicht hatte, war das Portal wieder geschlossen. Drinnen auf den Steinfliesen der alten Kirche brach Jürgen Wart ohnmächtig zusammen.

*

In Alt-Reckow lebten alle wie unter einem Bann. Stückweise, manchmal verkleinert, manchmal vergrößert, waren die Gerüchte über das Schillsche Husarenregiment zu ihnen gedrungen. Jetzt brachten auch die Zeitungen die ersten Nachrichten von dem verzweifelten Straßenkampf in Stralsund, vom Tode Schills und des größten Teils seiner Mannschaft. Aber das war noch nicht alles.

Sie mußten es erfahren, daß den wenigen, die dem Tode entronnen waren, ein fast noch härteres Schicksal zuteil wurde. Die Gefangenen wurden nach Toulon, Brest und Cherbourg auf die Galeeren geschickt. Die aber, die als westfälische Untertanen mit den Waffen in der Hand in Stralsund gefangen genommen worden waren, 14 an der Zahl, wurden von einem Militärtribunal in Braunschweig zum Tode verurteilt und dort in drei Abteilungen am 18., 20. und 22. Juli erschossen. Was sollte aber das Schicksal der gefangenen Offiziere werden?

In Alt-Reckow saßen sie auf der Terrasse und warteten auf Hans Lenchow, der mit neuen Nachrichten aus Berlin kommen sollte. Es war ein warmer, sternenklarer Augustabend.

Als sie Lenchows Pferd im Hof hörten, fuhren sie alle zusammen, Vater, Tante Neldchen und Sabine. Hans Lenchow kam langsam durch den Saal, wie immer. Er küßte Tante Neldchen und Sabine die Hand, dann setzte er sich neben den Baron auf die weiße Bank.

Schweigend zog er eine Liste aus seiner Brusttasche.

„Soviel man jetzt weiß, erwartet die elf Offiziere, die sich unter den nach Frankreich abgeführten Gefangenen befanden, das gleiche Schicksal wie die andern. Sie sind jetzt nach Wesel gebracht worden, und Napoleon hat befohlen, ein Kriegsgericht gegen sie zu eröffnen, unter dem Vorsitz des Divisionsgenerals Dallemagne. Die Untersuchung war für die Gefangenen nicht ungünstig, denn sie behaupteten, sie seien dem Befehl ihres Majors gefolgt, ohne zu wissen, daß er ohne höheren Auftrag gehandelt habe.“

Lenchow machte eine Pause – so – als suche er nach Worten.

Da griff der Baron mit zitternder Hand nach der Liste.

„Sind das die Namen der elf gefangenen Offiziere?“

Lenchow nickte – schwer und langsam.

Da schrie Sabine auf.

„Hans, du hast die Liste und zeigst sie uns nicht? Um Gottes willen, ist Jürgen dabei?“

Sie wollte ihm das Papier entreißen. Aber er hielt es fest. Seine Stimme klang heiser.

„Ich – kann seinen Namen nicht finden – er“ –

Da faltete der Baron die Hände, sein Kopf sank nach vorne.

„Ich wußte es. Er ist in Stralsund gefallen. Für seinen König, für sein Vaterland. Amen.“

Sie saßen alle wie versteinert da. Selbst Sabine konnte nicht weinen.

Es war unfaßbar – so namenlos unfaßbar.

Im Garten aber dufteten betäubend die Rosen von den Beeten herauf.

*

Der alte Major saß in seinem Lehnstuhl am offenen Fenster und träumte von vergangenen glorreichen Zeiten seines geliebten Preußens. Golden schien die Septembersonne durch die Baumwipfel.

Da kam Sabine im schwarzen Trauerkleid leise ins Zimmer. Geräuschlos setzte sie das Schachbrett auf den alten Platz am Fenster und stellte die Figuren auf. Aber ihre Hand zitterte dabei. Denn sie hatte eben mit dem Vater zusammen die neuesten Nachrichten aus Wesel gelesen. Das kämpfte und stritt und wogte jetzt in ihrer Seele, als wenn etwas darin entfesselt wäre, von dessen Vorhandensein sie vorher nie etwas geahnt hatte. Ein wilder, ohnmächtiger Zorn wuchs in ihr gegen den, der so etwas wagen konnte. Der preußische Offiziere wie Räuber behandeln und richten durfte und über sie das Todesurteil sprechen.

Für Sabine Wart war Frankreich und Napoleon bisher nur ein leeres Wort, ein unbekannter, unangenehmer Begriff gewesen. Es war eben der Feind, und den Feind mußte man hassen. Alle taten das ja. Da tat sie es eben auch. Aber seit heute war das anders. Jener Korse, der bisher nur der Feind ihres Vaterlandes gewesen war, war von jetzt an ihr persönlicher Feind geworden. Er, der ihr das Bitterste angetan hatte, was es für sie geben konnte. Der ihr den Bruder und die Freunde genommen hatte. Noch nie in ihrem Leben hatte Sabine Wart sich so mit ihrem Großvater eins gefühlt in seinem grenzenlosen Haß und seiner tiefen Verachtung gegen alles Französische.

Ihr Atem ging schwer, als sie sich dem Großvater gegenüber an den Tisch setzte.

Der alte Major sah ihr scharf ins Gesicht.

„Was hast du, Sabine? Sind Nachrichten von Wesel da?"

Sie biß die Zähne aufeinander und sah an ihm vorbei aus dem offenen Fenster.

„Vater wollte es dir eigentlich selber sagen – aber –"

Er faßte sie hart am Handgelenk.

„Also ist es doch wahr? So hat dieser verfluchte Korse es doch gewagt? Allem Ehrgefühl ins Gesicht geschlagen? Aller Wahrheit? Allem Brauch?"

Sie nickte.

„Ja, Großvater. Am 16. September sind die Schillschen Husaren erschossen worden."

Es wurde still zwischen ihnen.

Keiner dachte ans Schachspiel.

Leise, zornbebend fuhr sie dann fort, die weißen Hände zu Fäusten geballt: „Es ist von Anfang an beschlossen gewesen. Dieser Bonaparte hatte bereits lange vorher in einem Dekret ihr Todesurteil ausgesprochen. Die ganze Sache mit dem Kriegsgericht war ja nur leere Form, um die Welt zu täuschen, daß der Schein gewahrt bliebe. Kühn und freimütig hat ihr Verteidiger Noel Perwez aus Lüttich für sie gesprochen. Alles umsonst. Bonaparte hat ihren Tod gewollt."

Sie hatte langsam und dumpf gesprochen, so wie eben der Vater, als er ihr das Geschehnis aus der Zeitung vorlas.

Der Großvater sagte kein Wort. Mit der welken, knöchernen Hand fuhr er sich zwei-, dreimal über das Kinn.

Dann sagte er leise: „Der Herrgott hat's doch gut mit uns gemeint, Sabine, daß Jürgen schon in Stralsund gefallen ist, Brust an Brust mit dem Feind – im Kampf – als Mann – für sein Vaterland. Nicht wie ein Meuchelmörder am Wegrand erschossen, wie die andern elf in Wesel – der arme Graf Folken – der arme Katte."

Wieder war es still zwischen ihnen. Da fuhr es wie zwei Stahlklingen aus den Augen des Alten.

„Und doch, Kind, ist es gut so. Auch das, auch das Furchtbarste. Und weißt du, warum?"

Er beugte sich vor, seine Stimme klang heiser vor innerer Erregung.

„Weil das Zunder gibt für den großen Brand, der kommen wird. Je mehr dieser Korse jetzt frevelt, je herrlicher er sich gibt mit seiner erlogenen Macht, desto heißer wird es in unserem Volk gären. Bis die Freiheitsstunde schlägt. Und sie wird schlagen, Sabine."

Dann lehnte er sich erschöpft in den Lehnstuhl zurück. Durch das offene Fenster kam leise der

Herbstwind und spielte mit den blauen Quasten am Fenstervorhang. Hinter den Buchen stand gelbrot die Abendsonne. Sabine saß in ihrem schwarzen Trauerkleid und las dem Großvater vor. Dabei schlief er ein. Da ging sie leise hinaus, um den Vater zu suchen. Soviel es irgend möglich war, wollte sie jetzt immer um ihn sein, um ihm ein klein wenig das zu ersetzen, was er verloren hatte. Sie suchte ihn überall, aber sie fand ihn nicht.

Er wird auf dem Feld sein, dachte sie, legte sich ein Tuch um die bloßen Schultern und ging in den Garten hinunter zum See.

Hier unter dem Schatten der Bäume wob schon weiche, bläuliche Abenddämmerung. Kaum merklich atmete der silberne Wasserspiegel. Kleine, schmeichelnde Wellen griffen suchend und tastend, kommend und gehend an das Ufer und in die weit ins Wasser ragenden, knorrigen Baumwurzeln. Im Schilf lärmten die Rohrspatzen, Wildenten schwammen lautlos vorüber. Wie mit Gold und Rot besprenkelt standen die Baumkronen im Sonnenuntergang. Auch über das tiefe Dach und den Turm des Herrenhauses spann die Abendsonne ihr flimmerndes Netz. Schon mischte sich hier und da ein gelber und roter Ton in die grüne Blätterpracht und flüsterte von Scheiden und Vergehen, von Herbst und Abschied.

Sabine sah das heute alles gar nicht. Sie war zu sehr mit ihren eigenen Gedanken beschäftigt.

Aber es waren keine weichen, freudigen Gedanken, die in den milden Septemberabend gepaßt hätten. Große Bitterkeit und Empörung stritten in ihrer jungen, so jäh aufgeschreckten Seele. Dazwischen die tiefe Trauer um den Bruder, den sie so sehr geliebt hatte.

Da stockte ihr Fuß. Eine heiße Röte sprang über ihr blasses Gesicht. Sie war an die kleine Bucht gekommen, über deren stillem Wasser die Buchenzweige so tief und verschwiegen hingen.

Und eine Erinnerung wurde plötzlich wieder wach.

Sie sah sich wie an jenem Sommertag im Boot sitzen, und sah den schmalen Fußweg entlang jemand kommen, – jemand –

Sabine biß die Zähne aufeinander. War das möglich, daß sie, Sabine Wart, sich von einem Franzosen hatte unterhalten lassen – über die Vorzüge des Kaisers?

Jenes Kaisers, der am 16. September die elf Offiziere hatte ermorden lassen? O Gott, wo hatte sie damals ihren Stolz, ihren Patriotismus gelassen? Hatte sie nicht noch in kindischem Trotz geweint, als der Großvater ihr verbot, mit jenem General Rustand zu reden? Hatte sie nicht in heißer, jubelnder Freude die Worte von seinen Lippen getrunken, daß sie beide nicht Feinde seien, nicht preußisch und französisch – sondern einfach Mensch und Mensch, zwei gute Kameraden? War ihr damals der Abschied von jenem Fremden nicht unendlich schwer geworden? O, und war sie nicht heimlich Tag für Tag genau diesen selben Weg gegangen und hatte die Erinnerung Herr werden lassen über ihre sehnsüchtige Seele?

Sabine Wart stampfte mit dem Fuß auf. Sie schämte sich heute vor sich selber. Vor der Sabine, die vor einem Jahr so etwas tun konnte.

Nein, sie war nicht nur Mensch, ganz gewiß nicht! Sie war auch Preußin, durch und durch.

Vielleicht war das überhaupt erst seit dem letzten Ereignis in ihr wach geworden – dieses Gefühl der Zugehörigkeit zu ihrer Familie, ihrer Heimat, ihrem Vaterland. Vielleicht begriff sie überhaupt erst seit den Tagen von Stralsund und Wesel, seit dem Untergang der Schillschen Husaren, ihres Bruders, was das hieß: Franzosenhaß.

Sie war dicht ans Ufer hinabgegangen und hielt sich an einem der tiefhängenden Buchenzweige fest. Da berührte die Spitze des Zweiges die ruhige Wasserfläche – ein Kreis entstand – noch einer – noch einer. Sie starrte darauf nieder – wie abwesend. Und es kam ihr ein Gedanke, der sie stutzig machte. Wirft jedes Ereignis, das in unser Leben tritt, solche Kreise? Kreise, die weiter und weiter werden und einen Umfang annehmen, von dessen Größe wir nie etwas geahnt haben?

Da schüttelte Sabine Wart den Kopf. Um ihre Lippen stand ein stolzer Zug. Sie zog den Schal fester um die Schultern, warf den Kopf in den Nakken und ging denselben Weg zurück, den sie gekommen war.

*

In Alt-Reckow kamen und gingen die Tage – eintönig, langsam, schleppend. Der Vater konnte nicht über den Verlust seines einzigen Sohnes hinwegkommen. Er war nun ganz grau geworden, sein Gang hatte etwas Müdes, Gebeugtes. Tante Neldchen litt an Gicht und klagte über das zunehmende Alter. Stundenlang konnte sie abends beim Schein der großen Hängelampe von ihrer Jugend erzählen, von ihrer Fröhlichkeit damals und ihrer Schönheit. Unverändert blieb nur der Großvater. Mit seinem ernsten, hageren Gesicht und den großen, klugen Augen. Er sprach oft vom Tod. Aber er konnte noch nicht sterben, es war, als warte er noch auf etwas. Wartete er auf Preußens Erhebung? Es mochte wohl so sein. So saß er in seinem alten Lehnstuhl – ernst, schweigend – Tag für Tag – und wartete.

Das Jahr 1810 kam heran. Es war keine fröhliche Silvesterfeier in Alt-Reckow gewesen, denn die Erinnerung an das vergangene Jahr lastete noch zu frisch und schwer auf allen.

In den ersten, herben Märztagen ging Sabine,

wie so oft jetzt, mit ihrem Vater durch die Wirtschaft. Sie kamen gerade aus dem Kuhstall und wollten zur Wiese hinunter, wo ein neuer Graben gezogen wurde. Der Baron ging lansam, er hatte den Kopf gebeugt und schien in Gedanken. Es ging ihm jetzt so oft durch den Sinn, wie das einmal mit Alt-Reckow würde. Nun, wo ihm der Sohn und Erbe fehlte, fiel es einmal an Ferdinande Trach oder Sabine. Trach hatte Polten zu bewirtschaften und würde sich nicht viel um Alt-Reckow kümmern können. Und Sabine? Mehr denn je wünschte der Baron, Sabine möchte heiraten. Sie war jetzt zweiundzwanzig Jahre alt, es wurde nun Zeit.

Er räusperte sich.

„Sabinchen, ich habe etwas mit dir zu reden. Willst du mich anhören?"

„Aber natürlich, Papa, was soll's?"

Sie hob ihr frisches, hübsches Gesicht, von dem die Blässe des Winters und der Gram des vorigen Jahres allmählich gewichen war. Denn ihre Jugend war noch zu stark und zu mächtig, um sich auf die Dauer ganz von dem Leid unterkriegen zu lassen.

Federnd und leicht ging sie mit ihm über den holprigen Weg.

Die frische Märzluft machte ihre Seele weit und froh – wie seit langem nicht mehr.

Erwartungsvoll sah sie ihren Vater an.

Da räusperte sich der Baron zum zweitenmal.

„Sabinchen, was hältst du von Hans Lenchow?"

Sie machte ein etwas erstauntes Gesicht. An den hatte sie gerade am wenigsten gedacht.

„Hans Lenchow? O, du weißt doch selber, Papa, wie er ist. Immer froh und lustig und hilfsbereit, da muß man ihn doch gern haben. Wir mögen ihn hier alle leiden. Warum fragst du mich so besonders danach?"

„Weil Hans mich gestern im Vertrauen gefragt hat, ob du wohl einmal seine Frau werden könntest."

Mitten auf dem holprigen Weg blieb Sabine stehen. Mit großen Augen sah sie ihrem Vater ins Gesicht, der auch stehen geblieben war.

„Ich Hans Lenchows Frau? Aber, Papa, er ist doch mein Vetter?"

„Nur dritten Grades. Das wäre kein Hinderungsgrund. Hauptsache ist aber, daß du ihn magst. Ich will nicht gleich eine Antwort von dir, Kind, es kam dir wohl zu überraschend. Überlege dir die Sache in Ruhe, wir haben ja Zeit."

Langsam gingen sie weiter, dann holte Sabine tief Atem.

„Magst du Hans Lenchow, Papa? Würdest du dich darüber freuen, wenn er dein Schwiegersohn würde?"

Der Baron lächelte über sein Kind.

„Ich schätze und liebe ihn sehr. Er ist ein bescheidener und tüchtiger Mensch, der etwas von der Landwirtschaft versteht. Aber das ist doch nicht ausschlaggebend, Liebling. Hier darfst du niemand anders fragen als dein eigenes Herz. Also lasse dir Zeit."

Als Sabine dann abends allein oben in ihrem Zimmer war, wo der schwarze Schattenriß ihrer Mutter über dem kleinen Toilettentischchen hing, wanderte sie in schweren Gedanken auf und ab, im Kampf mit sich selber.

Draußen war es Nacht. Im Haus waren schon alle zu Bett gegangen. Die Fensterflügel standen weit offen, um die milde, weiche Märzluft hereinzulassen. Über den Himmel jagten große, schleierartige Wolken, ein leiser Frühlingsregen fiel auf die kahle, braune Erde. Auf dem weißen Fensterbrett dufteten Tulpen und Krokusse in bunten Tonkrügen. Die beiden hohen Kerzen brannten vor dem Spiegel und flackerten von Zeit zu Zeit hell auf, wenn der Nachtwind durchs offene Fenster strich. Irgendwo schrie draußen ein vom Regen aufgeschrecktes Käuzchen in den alten Bäumen am See.

Sabine wanderte ruhelos auf und ab – in schweren Gedanken.

Warum hatten sie heute die Worte des Vaters so sehr überrascht? Warum war ihr nie der Gedanke gekommen, daß sie einmal Hans Lenchows Frau werden könne? Hatte sie es nicht schon die ganze Zeit über gemerkt, daß Hans Lenchow sie mochte? Was hatte Jürgen doch damals noch gesagt?

„Tu unserm Vater alles, was du kannst, zuliebe.“ Ob er sich denn diese Verbindung wünschte? Törichte Frage, die sich Sabine ganz genau allein beantworten konnte. Hatte der Vater nicht gesagt, daß er Hans schätzte und liebte? Daß er ein bescheidener, tüchtiger Mensch wäre? Vater hoffte gewiß, daß er dann später Alt-Reckow mit bewirtschaften könne. Und daß er dann wieder einen Sohn hätte – einen Sohn, den ihm die Franzosen voriges Jahr genommen hatten. Hatte sie es nicht durch die Reden des Vaters hindurchgespürt, fein, aber ihrem scharfen Ohr so deutlich, daß es hinter seinen Worten wie heimliche, versteckte Freude klang über Hans Lenchows Anfrage? Ja, heimliche, versteckte Freude zum erstenmal seit Monaten, seit Jürgens Tod!

Und Hans Lenchow? Sabine versuchte sich ihn als Gatten vorzustellen. Lieb und lustig würde er sein und sie gewiß auf Händen tragen. Er hatte sie ja schon als Kind verehrt. Sie sah ihn vor sich. Schlank, blond, die guten, blauen Augen so voll Dankbarkeit, wenn sie freundlich zu ihm war. Gewiß würde sie ihn liebhaben, das war doch selbstverständlich. Wenn sie ihn jetzt auch noch nicht so liebte, wie sie sich stets eingebildet hatte, daß eine Braut den Mann ihrer Wahl lieben muß, so würde das sicher mit der Zeit schon kommen, wenn sie sich erst mehr kennenlernten.

Sabine holte tief Atem und sah in die Dunkelheit hinaus und in den rieselnden Regen. Hans Lenchows Braut sollte sie werden, wie wunderbar! Wenn ihre Mutter das damals geahnt hätte! Ihr Blick ging hinüber zu dem Schattenriß. Sie lehnte den dunklen Kopf an das Fensterkreuz und faltete die Hände.

Hätte sie doch jetzt jemand hier, mit dem sie sich aussprechen, dem sie sich anvertrauen könnte. War ihr denn noch niemand in ihrem Leben begegnet, zu dem sie großes, tiefes, volles Vertrauen haben konnte?

O doch einmal, einmal. Ein Lächeln ging über ihr Gesicht, sie schloß die Augen. Vor ihrer Seele stand der General Rustand. Wie er so weich und verständnisvoll mit ihr redete und ihre arme, irrende Seele wieder zurechtführte. Dem hätte sie alles sagen können, alles anvertrauen. Da schrak sie auf.

Mit weit aufgerissenen, erschrockenen Augen starrte sie in die Nacht. Rustand? War sie wahnsinnig? War das nicht ein Franzose?

Ach, ja, richtig – richtig. Das war ja nun alles ganz, ganz anders. Jürgen und Schill waren in Stralsund gefallen, und das war Napoleons Schuld. Katte und Graf Folken waren in Wesel erschossen worden – und das war Napoleons Schuld. Es gab auf der ganzen, weiten Welt keinen Menschen, den sie so haßte, wie diesen Napoleon.

General Rustand aber liebte ihn.

Das trennte sie für immer voneinander.

Sabine Wart ging zu der alten, messingbeschlagenen, dickbauchigen Kommode, kniete nieder und kramte aus der untersten Schublade ein Büchlein hervor. Darin blätterte sie hastig hin und her, bis sie zwei gepreßte, blaue Glockenblumen fand. Ohne sie weiter oder länger anzusehen, nahm sie sie heraus, legte das Büchlein wieder in die Lade zurück und erhob sich von den Knien. Sie ging zum offenen Fenster, zerrieb die spröden, knitternden Blüten mit den Fingern und streute sie in die Nacht.

Dann schloß sie das Fenster. Am andern Tage wurde Sabine Wart Hans Lenchows Braut.

*

Zwei Jahre waren vergangen. Am 9. Mai 1812 hatte Napoleon St. Cloud verlassen und in Dresden alle deutschen Fürsten um sich versammelt. Er mußte sie zur Teilnahme am Feldzug gegen Rußland gewinnen. Und er gewann sie. Er, der im spanischen Krieg nach und nach über eine Million Soldaten verloren hatte, brachte doch wieder ein Heer von einer halben Million aus allen Ländern von West- und Südeuropa zusammen. Langsam, unaufhaltsam wälzte sich das Riesenheer von Westen nach Osten.

In Alt-Reckow waren wieder viele Franzosen einquartiert. Jeden Tag andere Truppenteile, die auf dem Durchmarsch waren. Man hatte alle Hände voll zu tun. Mamsell und Tante Neldchen kamen aus dem Schelten gar nicht mehr heraus. Wie anspruchsvoll diese Leute doch wieder waren! Genau wie 1806. Ob der General Rustand noch lebte? Der war der einzige anständige Franzose gewesen. Mit sehnsuchtsvollem Augenaufschlag sprach Tante Neldchen jetzt oft seinen Namen aus.

Großvater hatte sein Fenster zunageln lassen und lebte Tag und Nacht beim trüben Licht der Kerzen.

Sabine war überall. In der Küche, im Keller, auf dem Boden, im Hof. Es war förmlich wie eine Arbeitsgier über sie gekommen. Und es gab ja jetzt genug für sie zu tun.

Sabine war immer noch Hans Lenchows Braut. Sie konnte sich aber nicht zur Hochzeit entschließen. Fast fertig lag die Aussteuer bereit, im Schrank hing schon der duftige Schleier. Wenn Hans Lenchow drängen wollte, daß sie sich zu einem bestimmten Termin entschlösse, sagte sie vorwurfsvoll, daß sie doch jetzt in dieser schweren Zeit ihren Vater nicht allein lassen könnte. Sie bat ihn mit Tränen in den Augen, sie nicht zu bedrängen. Ehe nicht Frieden sei, wollte und konnte sie nicht an die Hochzeit denken.

Hans Lenchow fügte sich dann und wartete geduldig. Er wußte ja, seine Zeit würde schon einmal kommen. Seine Liebe war so groß, daß er sein Leben lang auf sie gewartet hätte.

Das war es, was Sabine so oft quälte, diese seine große Liebe zu ihr. Sie hätte sie ihm so gerne erwidert. Aber wenn er sie in den Armen hielt und ihre Lippen küßte, überkam sie immer eine Angst und eine tiefe Scheu. Weshalb nur? Und wovor? Sie war freundlich und lieb zu ihm, aber es war ihr dann immer so, als sei sie es nur zu ihrem Vetter, nicht zu ihrem Verlobten. Sie hatte immer das unbestimmte Gefühl, als hielte sie irgend etwas vor ihm zurück, als schlösse sie ihre Seele nie ganz vor ihm auf, als spräche immer eine innere Stimme zu ihr, wenn sie ihren Kopf an seine Schulter lehnte: Vergiß das Beste nicht? Was war denn ihr Bestes? Was sollte sie ihm noch mehr geben? Was nur? Es kam dann oft etwas Krampfhaftes über sie, etwas Gemachtes. Etwas, das ihr selber nicht gefiel, und das sie als nicht richtig empfand. Ja, es gab Tage, wo sie vor seinen Liebkosungen Angst hatte und schroffer und kühler gegen ihn war, als in ihrer Absicht lag. Dann machte sie sich nachher Vorwürfe und suchte es wieder gut zu machen.

Dabei blühte sie von Tag zu Tag mehr auf. Ja, sie wußte es selber nicht, daß sie eine Schönheit geworden war. Aber die jetzt täglich durch Alt-Rekkow ziehenden französischen Offiziere hatten es bald bemerkt.

Und sie war nirgends sicher vor ihnen. Darum verließ sie jetzt auch selten mehr das Haus ohne ihren Vater. Sonst aber saß sie, trotz der schönen Mailuft draußen, im großen Wohnzimmer und nähte an ihrer Aussteuer.

So auch heute. Es war in den letzten Tagen des Mai, Flieder und Goldregen, Schneeball und Rotdorn blühten und dufteten im Garten. Die beiden großen Fenster standen weit offen, und auf der weißen Diele spielten die Sonnenlichter.

Der große, geblümte Lehnstuhl, in dem Sabine nähend saß, war dicht an das eine Fenster geschoben. Sie hatte ein hellblaues Morgenkleid an, das Hals und Arme frei ließ. Den Kopf mit den weichen, dunklen Haaren hielt sie tief über die Arbeit gesenkt – auf und ab flog die Nadel. Auf dem bunten Fußkissen stand ihr kleiner Fuß mit den kreuzweis verschnürten blauen Schuhbändern. So saß sie in einem Rahmen von Sonne, und achtete nicht darauf, was um sie her vorging.

Unten am See sang unermüdlich eine Nachtigall in den Haselsträuchern. Auf der anderen Seite rasselten und rollten vorüberfahrende Geschütze über den Hof, dazwischen klangen Pferdegetrappel und französische Kommandos.

Unten in der Küche weinte Mamsell laut, weil ihr einer die besten Hühner aus dem Stall gestohlen hatte. Durch den Garten schlich ängstlich, gedrückt, in seiner blauen Drilljacke, Anton. Dabei schielte er dauernd nach der dritten Kastanie in der großen Allee. Hier hatte er nämlich mit Tante Neldchen zusammen alles Silber und alle Schmuckstücke der Familie vergraben. Er machte von Zeit zu Zeit diese Runde, unauffällig, so als hätte er etwas im Garten vergessen.

Quer über den Rasen schlenderten ein paar junge französische Offiziere. Als sie Sabine sahen, warfen sie ihr Kußhände zu und riefen ein paar artige Worte herüber. Da stand Sabine auf und verließ ihren Fensterplatz.

Das war nun tagelang so gegangen, daß man in seinem eigenen Haus vor Belästigungen nicht sicher war. O, wie sie diese Franzosen haßte! Sie zog die Stirn in Falten und kniff die Lippen zusammen. So fand sie der Baron, als er eine Stunde später zu ihr in das Wohnzimmer trat.

„Nanu, so im Schatten, Kind? Du wirst dir die Augen verderben."

„Am Fenster ärgern mich die Franzosen, Vater. Wir werden sie auch bald zunageln lassen müssen, wie bei Großvater."

Dabei stand sie auf und reckte zornig ihre schönen Arme.

Es war Abend. In dem großen Saal flackerten die Kerzen in den hohen Leuchtern. Weit offen standen die Fenster zum Garten, um die milde Maienluft hereinzulassen. An der langen, mit Speiseresten bedeckten Tafel, auf der umgestürzte

Kelchgläser und Weinlachen abwechselten, saßen rauchend und trinkend an die zwanzig französische Offiziere.

Der Baron war schon lange wieder hinausgegangen. Er konnte es nicht mit anhören, dies Prahlen und Großtun. Sie sprachen nur noch von ihrem Zug nach Rußland. Daß ihr Kaiser ein neues byzantisches Kaisertum auf den Trümmern des russischen und türkischen Reiches gründen werde. Von der Größe ihres Heeres erzählten sie, seiner Aufstellung, seiner Macht. Daß den äußersten linken Flügel 20000 Preußen bildeten, verstärkt durch Franzosen unter Macdonald, den äußersten rechten Flügel 30 000 Österreicher. Der Rheinbund stellte über 10 000 Streiter, Polen 60 000. Mit den nachgekommenen Zuzügen würde das Heer auf 610 000 Mann mit 182 000 Pferden und 1372 Kanonen anwachsen. Hatte die Welt je eine größere Macht gesehen? Und mehr Siegesbewußtsein und tollen, rasenden Übermut?

Arm in Arm gingen der Baron und Sabine unten im Garten auf und ab. Durch das offene Fenster fiel das helle Licht aus dem Saal in die dunkle Maiennacht. Lustiges, schallendes Lachen, Gläserklingen und französischer Gesang scholl dazwischen.

Der Baron und Sabine kehrten um und gingen tiefer in den Garten hinein, Arm in Arm, schweigend. Bis sie auf die Höhe links vom See kamen, von wo aus man so weit ins schlafende Land hineinsehen konnte. Hier standen sie minutenlang, jeder in seine Gedanken vertieft. Nahe beieinander schritten wohl heute auch die Gedanken von Vater und Tochter. In den Buchen am See, die im ersten Maiengrün standen, raunte der Nachtwind. Unten in den Haselsträuchern schmetterte noch immer die Nachtigall. Am dunklen Himmel zogen wie flammende Augen die leuchtenden Sterne.

Da zuckte Sabine plötzlich auf und wies mit dem ausgestreckten Arm nach Süden.

„Vater, ist das nicht ein Feuerschein? Es brennt in Kleesdorf."

Sekundenlang sah der Vater scharf in die Nacht.

Dann nickte er.

„Ja, Kind, es brennt. Und die Richtung scheint mir Kleesdorf zu sein. Aber man kann sich nachts täuschen. Jedenfalls möchte ich die Sache ergründen. Versprich mir, daß du dich mit Tante Neldchen oben in dein Zimmer einschließt. Ich will mir den Fuchs satteln lassen und schnell einmal hinüberreiten. In einer Stunde bin ich zurück. Vielleicht ist Hans in Not und man kann ihm helfen."

Sie nickte nur, rasch und kurz.

Dann gingen sie schnell zum Haus zurück.

Als Tante Neldchen hörte, daß ihr Bruder fortreiten wollte, war sie außer sich.

„Wir armen schutzlosen Frauen, was soll nun aus uns werden?"

Sie brach in Tränen aus. Sabine tröstete sie.

„Komm, Tante Neldchen. Wir schließen uns ganz gemütlich oben bei mir ein, da kann uns nichts passieren, Anton paßt auf. Die Offiziere unten singen und trinken ja doch noch bis in die Nacht hinein, die merken gar nicht, daß Papa fortreitet. In einer Stunde kann er übrigens zurück sein. Wenn Kleesdorf brennt, hat er doch keine Ruhe hier; rege dich nur nicht auf."

Damit zog sie die alte Dame nach oben in ihr Zimmer, während der Vater leise vom Hof ritt, um kein Aufsehen zu erregen.

Sabine wollte noch nach dem Großvater sehen, dann käme sie auch nach oben.

Das Licht sorglich mit der Hand vor Zug schützend, ging Sabine den Flur entlang und trat leise in das Zimmer des Großvaters. Den hatte Anton eben zu Bett gebracht. Nun lag er still und ernst mit gefalteten Händen da, unter dem Kopfkissen sein Tagebuch aus dem Siebenjährigen Krieg, am Bettpfosten den alten Reitersäbel.

„Ich wollte Dir nur Gute Nacht sagen, Großväterchen, und nachsehen, ob du gut versorgt bist."

Sie beugte sich über ihn und küßte ihn auf die Stirn. Daß Kleesdorf brennt und der Vater dorthin geritten war, wollte sie ihm nicht sagen, um ihm unnötige Aufregung zu ersparen. Dann prüfte sie mit raschem Blick die Klingelschnur, die zu Antons Zimmer führte.

Der alte Major hob seine welke Hand und fuhr liebkosend über ihren bloßen Arm.

„Gute Nacht, mein Sabinchen, danke, ich habe alles."

Da löschte sie sein Licht und ging leise wieder hinaus.

Oben im Giebelstübchen saß Tante Neldchen beim gemütlichen Licht der Öllampe, die Brille auf der Nase, in das Stricken eines rosaroten Schals vertieft. Als Sabine leise hereinkam, fuhr sie zusammen.

„Ach, wie hab' ich mich erschrocken! Ich dachte, es wären Franzosen. Bitte schließe die Tür zweimal hinter dir ab, und dann wollen wir auch lieber das Fenster schließen."

„Aber, Tantchen, es ist doch ein so köstlicher, warmer Maienabend, und hier hoch oben kommt keiner ans Giebelfenster."

Sie kramte noch allerhand in Schubladen herum, bis sie sich zur Tante an den kleinen Nähtisch setzte.

Sie mochten so wohl eine Viertelstunde gesessen und geplaudert haben, jede in ihre Arbeit vertieft, als plötzlich lautes Pferdetrappeln und Rufen im Hof sie aufmerksam machte. Da klopfte auch schon Anton aufgeregt an die Tür. Sabine ging hin, um zu öffnen.

Wortlos deutete Anton zum Hof. Durch das offene Fenster sahen sie von drüben aus dem Strohdach des Pferdestalls eine Flamme lecken. Groß und rot züngelte sie wie eine Schlange zum Nachthimmel empor.

Da riß Sabine ihr Tuch um die Schultern.

„Ich muß jetzt gehen, Tante. Es ist meine Pflicht als Tochter meines Vaters. Anton bleibt bei mir, ängstige dich nicht."

Damit war sie auch schon unten. Im Hof kam sie kaum vorwärts vor lauter Kanonen, Pferden und Mannschaften. Es brüllte, lachte und schrie alles durcheinander. Es war ein wildes Bild. Die aufgeregten, hochaufbäumenden Pferdeleiber, die bunten Uniformen, die wilden, südländischen Gesichter mit den funkelnden, schwarzen Augen – das alles beleuchtet von dem Feuer, das kerzengerade aus dem nahen Strohdach emporstieg.

Niemand wußte, wie das Feuer ausgebrochen war. Die meisten Franzosen waren zu betrunken, um löschen helfen zu können. Nur einige Knechte des Barons schleppten keuchend Wasser aus dem nahen See herbei. Mit den Spritzenwagen war der Kanonen wegen auf dem Hof nicht durchzukommen.

„Sind noch Pferde im Stall?" rief Sabine hastig einem vorübereilenden Knecht zu.

„Ja, Demoiselle, die beiden Rappen vom Krischan. Die anderen sind alle auf der Weide."

Sie lief durch das Gedränge, Anton immer dicht hinter ihr.

„Kann man denn gar nicht mehr in den Stall und sie retten?“

Sie rief es fast weinend, sie hing so an den Pferden.

Aber es war keine Möglichkeit mehr, hineinzukommen. Schon prasselte das brennende Dach mit lautem Krach zusammen, Feuergarben von altem Stroh wie goldene Lohe in die Nachtluft schleudernd. Da galoppierten – wild gemacht durch die Flammen und den Lärm, mit geblähten Nüstern ängstlich schnaubend, mit versengten Mähnen – die Rappen aus der knirschenden, schon fast einstürzenden Stalltür. Sie hatten sich alleine losgerissen. Mit erhobenen Armen stürzte der alte Krischan seinen Lieblingen entgegen, die er schon für verloren gehalten hatte, und versuchte, die geängstigten Tiere zu beruhigen. Sabine stand von den Flammen hell beleuchtet da. Das Tuch war von ihren Schultern geglitten, sie schien ihre Umgebung ganz vergessen zu haben. Mehr als hundert lüsterne Augen sahen aus dem Dunkel der Nacht auf das im Widerschein der Flammen hochaufgerichtet stehende Mädchen.

Rufe wie „O, Demoiselle, comme vous êtes belle!“ wurden laut. Da fuhr Sabine erschrocken herum. Wo war Anton? O Gott, und was wollten die drei Kerle da vor ihr? Schon hatte einer seinen Arm um ihre Schultern gelegt, sein weindunstiger Atem streifte ihr Gesicht. Mit beiden Händen stieß sie ihn zurück. Aber zehn andere sprangen dafür in die Bresche, lachend, johlend. Auf das Feuer hatte keiner mehr acht.

Sabine hatte die Arme wie zur Abwehr erhoben. Sie wollte rückwärts. Da stolperte sie über die Lafette einer hinter ihr stehenden Kanone. Sie schlug mit dem Kopf auf das große Rad.

Da hörte sie wie im Traum durch das wilde, tosende Lachen und Lärmen eine Stimme – kurz – scharf – stahlhart. Und im selben Augenblick verstummte der Lärm um sie her. Ehrerbietig traten die Franzosen zurück, die Betrunkenen wurden von den andern mitgerissen.

Noch ein Kommandowort.

Da stürzten alle an die Eimer und Fässer und halfen den Alt-Reckower Knechten, das Feuer zu löschen. Da tastete Sabine an ihren blutenden Kopf und versuchte aufzustehen.

O Gott – war das nicht? – war das nicht? –

Da trat ein Schatten zwischen sie und die Flammen. Tief beugte sich der Schatten über sie und hob sie auf. Sie taumelte, sie mußte sich an seine Schulter lehen. Über die Stirn und die Augen lief das Blut, sie mußte sich an der Lafette verletzt haben. Da fühlte sie, wie zwei starke Arme sie vom Boden hoben und ins Haus trugen.

In Vaters Zimmer kam sie in einem tiefen Lehnstuhl wieder zu sich. Sie fühlte, daß ihr jemand mit einem nassen Tuch das Blut vom Gesicht wischte.

Dann sah sie Anton mit einer Schale voll Wasser und zitternden Knien vor sich stehen. Und dann?

General Rustand beugte sich über sie.

„Ich danke Gott, Baronesse, der mich gerade in diesem Augenblick hierher schickte. Fühlen Sie sich besser? Die Wunde ist nicht groß, ich habe mein Taschentuch darum gebunden. Sind Sie ganz alleine hier?"

Sie nickte wie verstört.

„Vater muß gleich zurückkommen, er ist nach Kleesdorf geritten. Anton, rufe doch Tante Neldchen. Wenn der General hier ist, kann sie ruhig herunterkommen."

Anton stellte die Schale mit Wasser auf einen Stuhl und ging, um Tante Neldchen zu rufen.

Sabine lehnte erschöpft den Kopf hintenüber. Ihr dunkles Haar hatte sich gelöst und fiel in langen Flechten über die weißen Schultern. Ihr Tuch hatte sie wohl draußen verloren. Die bloßen Arme lagen müde auf den Seitenlehnen des Sessels. Jetzt hob sie groß und fragend den Blick zu ihm auf; sie hatte es vorher nicht gewagt. Er hatte sich wenig verändert. Vielleicht war sein Gesicht noch brauner und magerer geworden, vielleicht noch reicher an Narben. Die wunderbaren, blauschwarzen Augen, die eben draußen im Hof noch so kalt und zornig blitzen konnten, sahen weich und mitleidig auf sie herab.

„Pauvre enfant! Diese Kannibalen! Aber ich

werde es sie lehren. Alle Mannschaften betrunken im Hof. Wo sind denn meine Herren Offiziere?“

„Im Saal“, sagte Sabine leise und zeigte mit der Hand in die Richtung. Dann ging ein Lächeln über ihr Gesicht.

„Ich glaube, die sind aber jetzt auch alle betrunken.“

Der General knirschte mit den Zähnen.

„Und das will nach Rußland hinein? Sacre Nom de Dieu! Die werden sich noch wundern.“

Dann nahm er einen der beiden brennenden Armleuchter, die auf dem Schreibtisch des Barons standen.

„Anton, zeigen Sie mir den Weg zum Saal.“

Anton, der gerade hereingekommen war, machte schnell kehrt, um den General zum Saal zu führen.

Schon im Flur hörte man das laute Lachen und Johlen da drinnen.

Anton riß beide Flügeltüren weit auf, als ob ein König käme. Dabei nahm er dem General den Armleuchter ab und hielt ihn hoch.

Ein Dunst von Wein und Tabaksqualm schlug ihnen entgegen. Die zechenden Herren merkten gar nicht sogleich, daß sie gestört worden waren.

Da schlug Rustand mit der flachen Hand auf den Tisch.

„Meine Herren, verzeihen Sie die Störung. Aber ich habe ein Wort mit Ihnen zu reden.“

Da sprangen sie wie elektrisiert in die Höhe. Sie konnten nicht mehr alle aufrecht stehen, aber sie versuchten es wenigstens.

Messerscharf klang Rustands Stimme: „Meine Herren, Sie sind Offiziere der großen Armee. Und Sie sind verantwortlich für Ihre Leute da draußen. Ihre Leute aber warfen Feuer in die Ställe und bedrohten wehrlose Mädchen. Meine Herren, die wir die Uniform der französischen Armee tragen, haben auch dafür zu sorgen, daß die Ehre der französischen Armee fleckenlos bleibt. Im Krieg wie im Frieden. Es ist in dieser Beziehung viel verbrochen worden, besonders in Preußen. Dafür mache ich Sie verantwortlich. So etwas wird mir nie wieder vorkommen. Gute Nacht meine Herren."

Er drehte sich auf den Hacken um und ging den langen Korridor wieder zurück.

Die französischen Offiziere standen noch immer regungslos und sahen sich verdutzt an. Dann schlichen sie verlegen, einer nach dem andern, auf den Hof, um nach ihren Mannschaften zu sehen. Die waren aber schon durch die bloße Gegenwart Rustands so nüchtern geworden, daß sie sich bei den Löscharbeiten förmlich überboten und in kurzer Zeit Herr des Feuers wurden. Als der Brand gelöscht war, gingen alle lautlos zur Ruhe, scheue Blicke zum Herrenhaus werfend, wo ihr verhältnismäßig noch so junger General lange nach Mitternacht noch arbeitend über seinen Karten im

Zimmer des Barons saß. Denn es war kein einziges Quartier mehr frei, und er hatte es dankend abgelehnt, als man ihm das Wohnzimmer einräumen wollte. Für diese Nacht würde er sich so behelfen. Auf dem Ledersofa in seinen Mantel gewickelt schliefe es sich prächtig. Da hätte er sich in Spanien ganz anders behelfen müssen.

Sabine war schon lange nach oben gegangen, als der Baron endlich nach Mitternacht aus Kleesdorf zurückkam.

*

Am andern Morgen nahm man das Frühstück seit langer Zeit wieder einmal auf der Terrasse ein. Jetzt war ja General Rustand da, was konnte ihnen da noch geschehen? In Alt-Reckow atmeten alle wie erleichtert auf. Der Baron hatte dem General seinen verbindlichsten Dank für die gestrige Hilfe ausgesprochen, vielleicht sogar etwas herzlicher, als es eigentlich in seiner Absicht lag. Denn seit der Schillschen Affäre hatte er sich eigentlich vorgenommen, nur das unumgänglich Notwendigste mit den Feinden seines Vaterlandes zu reden. Rustand merkte sofort heraus, daß der Baron diesmal noch reservierter und kühler war, als vor vier Jahren. Er fand dies selbstverständlich nach dem, was vorgefallen war. Er wußte, daß ein Wart bei Schills Regiment gestanden und gefallen war und fühlte die bitteren Empfindungen des Barons nach, den dieser beim Anblick jedes Franzosen haben mußte. Mit feinem Takt versuchte er daher, ihm jede kleinste Unannehmlichkeit aus dem Wege zu räumen und bat sehr um Entschuldigung wegen des Benehmens seiner Leute.

Der Baron und Tante Neldchen hatten ihr Frühstück auf der Terrasse beendet. Sabine, die von den gestrigen Anstrengungen noch müde war, hatte bis tief in den hellen Tag hinein geschlafen.

Als sie aufwachte, mußte sie sich erst eine Weile besinnen, ob das gestern Wirklichkeit gewesen war, oder ob sie nur geträumt hatte. Da fühlte sie einen dumpfen Schmerz in ihrem Kopf und faßte nach der Stirn. Richtig, sie trug ja noch das Tuch – das Taschentuch Rustands. Sie band es vorsichtig ab. Es war ganz blutig. Sie wollte es selber auswaschen und ihm wiedergeben.

Sie zog sich schnell an und ging nach unten. Vater war schon in seinem Arbeitszimmer tätig und erkundigte sich ängstlich nach ihrem Befinden. Sie beruhigte ihn lachend und ließ sich von Kleesdorf erzählen. Es hatte dort gar nicht gebrannt, sondern auf einem Bauerngehöft in der Nähe.

Dann ging Sabine auf die Terrasse, um ihr Frühstück einzunehmen. War das ein goldener Maienmorgen! Alles duftete und blühte und grünte. Langsam strich sie sich ihr Frühstücksbrot. Da kam vom Garten her schwatzend Tante Neldchen, neben ihr schritt langsam, hochaufgerichtet, General Rustand. Er grüßte, als er Sabine auf der Terrasse sitzen sah. Dann kam er mit Tante Neldchen die Steintreppe zu ihr herauf.

„Ich wollte mich nach Ihrem Befinden erkundigen, Baronesse, Sie aber beileibe nicht beim Frühstück stören."

„O, Sie stören mich nicht." Sabine hatte ihm ihre Hand hingestreckt, die er an die Lippen führte – „Denn ich habe Hunger nach dem gestrigen Schrecken."

Tante Neldchen nickte.

„Ja, sie sieht noch ganz blaß aus. Aber wollen Sie sich nicht ein wenig setzen, General? Oder erlaubt das Ihre kostbare Zeit nicht?"

Er lächelte.

„O doch, Baronesse. Momentan habe ich wenig zu tun. Höchstens meine Leute in Zaum zu halten wie gestern. Damit setzte er sich neben Tante Neldchen auf die weiße Bank, Sabine gerade gegenüber. Sabine fand es eigentlich recht überflüssig, daß die Tante ihn zum Niedersitzen aufforderte. Sie hatte sich doch vorgenommen, alle Franzosen möglichst wenig zu beachten, ja, sie eigentlich vollständig zu ignorieren. Nun erforderte die Höflichkeit, daß sie sich mit diesem Rustand unterhielt.

Er erzählte von seinen Märschen und Erlebnissen in Spanien, Portugal und Österreich, von der Vermählung Napoleons mit Marie Luise, von der Wahl des Marschalls Bernadotte zum Kronprinzen von Schweden.

Dazwischen kam der alte Anton, um den Tisch abzudecken, denn Sabine hatte mittlerweile zu Ende gefrühstückt.

Sabine stand auf. „Ich habe noch im Garten zu tun, General, es ist in den letzten Tagen so vieles dort liegen geblieben, weil wir uns ja nicht hinauswagen konnten."

Er runzelte die Stirn. „Empörend. Und so treiben es unsere Soldaten jetzt überall. Man läßt ihnen zu viel Freiheit, der Ruhm ihres Kaisers macht sie übermütig. Wie sehr sie aber dadurch seinen Ruhm schädigen, wissen sie selber nicht. Darf ich Sie begleiten, Baronesse?"

Sie zuckte die Achseln.

„Wenn es Ihnen Spaß macht?"

Er nahm seinen Säbel in die Hand und ging neben ihr die Steintreppe in den Garten hinunter.

„Sie sind jetzt so anders, Baronesse, als vor vier Jahren. Habe ich Ihnen etwas getan?"

Sie ging ziemlich schnell die Allee entlang.

„O nein, Sie absolut nichts. Aber – es ist seitdem doch so manches vorgefallen, das als trennende Kluft zwischen uns stehen dürfte."

„Sie haben recht, Baronesse, ich bitte um Verzeihung, daß ich dies Thema heraufbeschwor.

Aber – zwischen uns soll kein Schatten stehen. Es wäre mir lieb, wenn auch darüber Klarheit herrschte."

„Das halte ich für ausgeschlossen. Denn Sie sind Franzose und ich Preußin. Da gibt es jetzt nach Stralsund, Wesel und Mantua wohl keine Brücke mehr."

„Ich will nicht mit Ihnen rechten, Baronesse. Ich verstehe Ihren Zorn und Ihren Stolz voll und ganz. Und so sehr ich Franzose bin und meinen Kaiser liebe – das mit Wesel hätte nicht kommen dürfen. Aber lassen wir das jetzt. Wollen wir es nicht lieber halten, wie damals, als wir uns das Versprechen gaben, weiter nichts zu sein, als zwei Menschen? Es ist das einfachste und doch das mächtigste Bindeglied – die festeste und doch selbstverständlichste Brücke, welcher Nation der betreffende Mensch auch angehören mag. Meinen Sie nicht auch?"

Es kam fast ein wenig zaghaft von den Lippen dieses großen stattlichen Mannes. Er hatte auch leiser gesprochen, als es sonst seine Art war.

Sabine kämpfte mit sich selber. Was sollte sie ihm antworten?

Dann warf sie den Kopf ein wenig zurück und krauste die Stirn.

„Es klingt ja alles in der Theorie sehr schön, was Sie da sagen, General, ist aber in der Praxis undurchführbar. Wir haben zu bittere Beleidigungen durch Frankreich erfahren, als daß wir die so schnell vergessen könnten. Ich müßte mich selber verachten, wenn ich das täte."

Er lächelte – ein ganz klein wenig nur.

„Warum wollen Sie denn in mir nur immer den Vertreter Frankreichs sehen? Ich sehe in Ihnen ja auch keine Preußin."

Sie blieb ein wenig verdutzt stehen.

„Keine Preußin? Aber was in aller Welt denn?"

„Die Frau, weiter nichts. Denn das ist alles – vielleicht das Höchste, was es gibt."

Sie gingen wieder weiter, die sonnendurchflimmerte Kastanienallee entlang, den Weg zum Obstgarten. Er war durch ein schmales Tor vom Park getrennt. Sie öffnete langsam, wie nachdenklich die Pforte.

„Was suchen Sie hier überhaupt, Baronesse? Im Mai sind in Preußen doch noch keine Früchte reif?"

Sie mußte lachen.

„Allerdings nicht. Höchstens fangen die Erdbeeren jetzt an. Aber da will ich erst auf dem Rückweg hin. Ich wollte nach dem Spalierobst sehen und habe mir dafür Bast mitgebracht. Die Frühlingsstürme neulich haben soviel Äste losgerissen, und der Gärtner hat jetzt keine Zeit, der hat anderes zu tun."

Auf dem weichen, grünen Rasenteppich unter den weiß und rosa blühenden Obstbäumen gingen sie dahin. Sie hatte ihr hellblaues Morgenkleid an und eine große, weiße Schürze vorgebunden. Vereinzelte dunkle Löckchen stahlen sich unter dem Hut hervor. Die blühenden Kirschbäume, deren Zweige sie im Vorübergehen streifte, ließen weich und leise ihre schneeigen Blütenblätter auf sie niederregnen. Sie griff mit den bloßen Armen nach oben, um einen blühenden Zweig zu pflücken.

„Ist das nicht wunder-, wunderschön, General? Und sehen Sie nur den tiefblauen Himmel hinter dieser leuchtend weißen Pracht!“

Er bog ihr den Zweig herab, damit sie ihn besser erreichen konnte.

„Ja, es ist wunderschön“, sagte er langsam und holte tief Atem.

„Wissen Sie, es erinnert mich fast an meine Heimat. Meines Vaters Haus steht in der Provence am Ufer der Durance, mitten in einem großen Garten. Da habe ich als wilder Knabe mit meinen Brüdern, die jetzt schon unter der Erde liegen, manchesmal getobt und gelacht. Ich sehe ein Bild noch wie heute vor mir. Es war auch im Frühling, meine selige Mutter, die damals schon krank war, saß unter den blühenden Apfelbäumen in einem bequemen Lehnstuhl, die Hände im Schoß gefaltet, und sah unserm Spiel zu. Es mochte wohl ein wenig hitzig hergegangen sein, denn ich blutete aus mehreren Schrammen. Da rief sie mich zu sich. Ich kniete an ihrem Stuhl nieder und legte meinen heißen Kopf in ihren Schoß.

„Raoul", sagte sie leise, „mein wilder Raoul, wie bist du wieder zugerichtet."

Ich lachte sie an.

„Wir haben Krieg gespielt, ma mère, da gibt's kein Pardon unter Feinden."

Sie faltete ihre weißen, schlanken Hände über meinem zerzausten, dunklen Kopf.

„Aber Feinde sind doch auch Menschen, Kind."

Da sah ich sie groß an.

Ich hatte mir das noch nie überlegt, daß Feinde auch Menschen wären. Meine Mutter hat es mir erst beigebracht. Sie hätte mir noch manches andere sagen können, wovon der wilde Knabe so gar keine Ahnung hatte, wenn sie nicht so bald von uns gegangen wäre."

Er hielt noch immer den blühenden Kirschenzweig zur Erde gebogen und sah an ihr vorüber in die schneeweißen Blüten. In seinem tiefbraunen, narbendurchzogenen Gesicht stand ein weicher, weher Zug, der gar nicht zu dem rauhen Krieger passen wollte. Er hatte bei den letzten Worten seinen Dreispitz abgenommen, wie in Andacht. Durch seine blauschwarzen Haare fuhr schmeichelnd der Frühlingswind. Er sah noch so fabelhaft jung aus, trotz seiner Generalsuniform, und in diesem Augenblick fast – Sabine konnte nicht gleich das rechte Wort dafür finden – fast hilfsbedürftig.

Langsam ließ er jetzt den Kirschenzweig los, als er sah, daß sie genug gepflückt hatte. Wieder rieselten durch das Emporschnellen des Zweiges die weißen Blütenblättchen lautlos auf die beiden herab.

Er schnippte sie gedankenverloren mit dem Finger von seinem grünen Uniformrock.

„Als ob es geschneit hätte“, sagte Sabine im Weitergehen.

Er lächelte.

„Wahrscheinlich eine Vorahnung für Rußland. Da werden wir uns wohl noch oft nach Deutschlands Blütenmai zurücksehnen. Aber nun müssen Sie mir erzählen, Baronesse, was Sie die letzten vier Jahre getrieben und erlebt haben.“

Sie spielte wie träumend mit dem Blütenzweig in ihrer Hand.

„Das wissen Sie doch schon, General. Daß mein Bruder Jürgen fiel und unsere Freunde aus Schills Regiment. Und dann, daß ich Braut wurde.“

Seine Augen wurden groß.

„Aber, Baronesse, das sagen Sie mir erst jetzt? Das ist ja das größte, was einem Menschen geschehen kann, wenn er die andere Seele findet, die zu ihm gehört. Sie wissen, die andere Hälfte wie Plato sagt.“

Sie sah ihn aufmerksam an.

„Die andere Hälfte? Wie meinen Sie das?“

„Baronesse, Sie wissen doch, daß Plato gesagt hat, zwei Seelen sind von vornherein füreinander geschaffen; die beiden Hälften, die dann ein Ganzes bilden. Solange diese sich nicht gefunden haben, irren sie suchend über die Erde – voll Sehnsucht. Soll mich das nicht freuen, daß Sie Ihre Hälfte fanden? Es ist wohl das größte Gottesgeschenk. Meine kann ich nicht finden. Vielleicht hat sie schon im vorigen Jahrhundert gelebt oder kommt erst im nächsten. Wer kann das wissen?"

Sabine war ernst und nachdenklich geworden. Von dieser Seite hatte sie die Liebe noch nie betrachtet. War diese Ansicht Rustands nicht eigentlich sonderbar? Lag darin nicht ein absolutes Muß, das zwei Menschen zusammenführte und für die Ewigkeit zusammenband?

Jetzt sah sie auf.

„Sie sagten damals vor vier Jahren, General, daß es aber auch unglückliche Ehen auf der Welt gäbe, solche ohne Liebe. Wer hat nun diese Hälften zusammengeführt?"

Er sah ernst auf sie herab.

„Gott ganz gewiß nicht. Sondern irgendwelche andern, niederen Motive: Eigensucht, Ehrgeiz, Sinnlichkeit. Sehen Sie, diese Menschen haben es eben nicht in Geduld abwarten können. Sie wollten selber ihr Schicksal sein. Sie warteten nicht auf die richtige Hälfte, sondern nahmen hastig, ohne Überlegung, eine falsche. Da kam die Not und das Elend in ihre Seelen. Denn nun wurde das, was Gott als größtes Glück und überschwengliche Seligkeit dem armen Menschen auf diesen Erdenweg mitgegeben, zu einer Quelle beständiger Qual und täglichen Vorwurfs. Sehen Sie, das sind die, die es nicht abwarten konnten. Aber ein vielleicht noch größeres Elend liegt bei denen, die klar erkannten, das ist meine andere Hälfte, und doch nicht den Mut hatten, sie an sich zu reißen. Die, ängstlich abwägend, berechnend, Jahr für Jahr verstreichen ließen, bis die Jugend schwand und das Alter kam, und es zu spät war. Solche gibt es auch, Baronesse. Die nicht den Mut zu ihrer Liebe hatten."

Eine Weile war es still zwischen ihnen. Jeder hing seinen eigenen Gedanken nach.

Dann blieb er plötzlich stehen und faßte ihre beiden Hände.

„Darum wünsche ich Ihnen so ganz besonders Glück, Baronesse, daß Sie Ihre andere Hälfte fanden. Denn, sehen Sie, von Ihnen weiß ich genau, daß Sie sich nicht irrten, sondern nur dem Mann Ihr Bestes, Ihre Seele gaben, der die Ergänzung Ihres eigenen Ichs ist, die Erfüllung all Ihrer Sehnsüchte. Gott segne Ihren Bund."

Er küßte ehrfurchtsvoll, ritterlich ihre Hände. Dann ließ er sie los.

„Ich würde Ihren Herrn Bräutigam gerne einmal kennenlernen. Aber das wird mir wohl nicht mehr vergönnt sein."

Da erzählte sie ihm von Hans Lenchow, seinem Wesen, seiner Art, und daß sie sich schon von Kind auf kannten. Er hörte aufmerksam zu.

„Sie müssen einen Mann sehr glücklich machen können. Ihr Herr Bräutigam muß ein feiner, kluger Mann sein.“

„Vielleicht lernen Sie ihn noch kennen, General. Wie lange bleiben Sie noch hier?“

„Ich warte auf Befehle vom Hauptquartier. Aber ich denke bestimmt, daß wir übermorgen weiterrücken. Es sollen noch verschiedene Truppenteile zu uns stoßen. Mein Kaiser will uns alle doch schon Mitte Juni am Niemen haben.“

„Und wann werden Sie wieder zurückkommen?“

„O, Baronesse, wer kann das jetzt sagen? Keiner aus der großen Armee weiß, ob er überhaupt zurückkehren wird. C'est la guerre.“

Da zog sie die Bastfäden aus ihrem Körbchen und ging an das nächste Spalier. Über ihnen aber jubelten die Lerchen, und kleine, weiße Lämmerwölkchen marschierten in Reih und Glied am blauen Himmel auf. Von den blühenden Obstbäumen aber fielen die weißen Blätter – lautlos – zitternd – wie Schnee.

*

Sabine stand an ihrem offenen Fenster. Über den bewaldeten Bergen jenseits des Sees kam der Mond herauf, groß, voll und klar. Über den Wiesen und dem See wogten die weißen Abendnebel. Wundersamer und süßer Blütenduft kam von den Beeten und Büschen im Garten herauf. In dem bunten Tonkrug vor dem Spiegel stand der schlanke Zweig mit den Kirschenblüten, den sie heute morgen im Obstgarten gepflückt hatte.

Die Nachtigall klagte im Garten – immerzu – unermüdlich. Sabine starrte auf ihren Brautring an der linken Hand, in tiefen, schweren Gedanken.

Wie hatte er heute morgen gesagt? Zwei Hälften, die füreinander bestimmt sind! Wunderbar! Hatte sie sich das nie so klargemacht?

Sobald sie Hans wiedersah, mußte sie doch einmal mit ihm reden. Ja, ihre Seele wollte sie ihm geben – ihre Seele. Das war das Beste, was sie hatte, und davon hatte sie ihm bis jetzt nur so wenig gezeigt, weil sie eigentlich immer gedacht hatte, ihm läge nichts weiter daran. Denn Hans Lenchow hatte ja immer viel mehr nach ihren roten Lippen und dunklen Augen und schönen Armen gefragt als nach ihrer Seele.

Das war wohl aber ihre Schuld gewesen. Weil ihre Seele so scheu war wie ein Schmetterling, der die Flügel zusammenklappt, wenn er im Schatten sitzt, und sie erst weit auseinanderbreitet, wenn die Sonne ihn bestrahlt. Es war nicht recht von ihr gewesen, ihre Seele so lange vor ihrem Verlobten zu verbergen. Sie hatte ja immer das unbestimmte Gefühl gehabt, daß sie ihm etwas vorenthielte. Sagte nicht immer eine unsichtbare Stimme in ihr: Vergiß das Beste nicht? Das Beste? Das war doch ihre Seele – und ihre Liebe.

Warum hatte sich ihre Seele bei Rustands Worten so aufgetan, wie jener Schmetterling in der Sonne? Lag das am Schmetterling oder an der Sonne?

Sie seufzte tief und lehnte ihren Kopf müde an das Fensterkreuz. Rustand hatte gesagt, sie würde sicher nur den gewählt haben, der die richtige Hälfte, die volle Ergänzung ihres Ichs sei. War Hans Lenchow das?

Sonderbar, daß sie sich das fragte. Und noch sonderbarer, daß sie keine richtige Antwort darauf wußte. Wenn einer die Seele gefunden hat, die unbedingt die einzige Ergänzung und Erfüllung seiner Selbst ist, dann muß er doch einfach lachen über diese Frage. Dann muß er doch in seiner Seele tiefster Tiefe das volle Bewußtsein haben: Deine Wahl war die rechte, anders konntest du einfach gar nicht wählen.

War das so mit ihr?

Wie dumm, wie dumm diese Gedanken waren – wie sinnlos – wie zwecklos.

Hatten Großvater und Vater nicht Hans Lenchow gerne? Wünschte sich Vater nicht sehnlichst, daß sie ihn bald heiratete, nachdem sie nun schon zwei Jahre verlobt waren?

Hatte sie ihn immer noch nicht kennengelernt, diese zwei langen Jahre?

Daß sie jetzt so dummes, törichtes Zeug fragen konnte?

Sabine war von Grund auf ehrlich. Sie konnte weder sich noch andern etwas vormachen. Sie trat vom Fensterkreuz zurück und ging im Zimmer auf und ab, die Hände auf dem Rücken. Was sollten diese dummen Gedanken? Waren die neu? Hatten Rustands Worte die erst in ihrer Seele wachgerufen?

O nein, gewiß nicht.

In ihrem Unterbewußtsein hatten sie schon immer geschlummert. Aber sie war stets ängstlich und leise darüber hinweggeschritten, wie ein Wanderer über den blühenden Moorgrund, unter dem die schwarze Tiefe gähnt – aus Furcht, einmal einzubrechen. In diesem Augenblick brach Sabine Wart ein. Sie sah durch den schimmernden, losen Blütenschleier die schwarze, gähnende Tiefe. Und sie erschrak vor sich selber.

In diesem Augenblick wußte Sabine Wart, daß sie Hans Lenchow nie geliebt hatte, daß sie ihn damals nur ihrem Vater zuliebe genommen hatte.

Und in diesem Augenblick sah Sabine Wart auch scharf und klar ihren Weg vor sich – den Weg der Treue und der Pflicht.

Sie trug Hans Lenchows Brautring – er hatte ihr Wort. Sie wollte auch seine Frau werden. Denn ihr Vater brauchte einen Schwiegersohn.

Sabine Wart war ehrlich. Sie wollte keinen belügen. Sie wollte ihrem Verlobten offen sagen, wie es um sie stünde. Sie liebte ihn nicht so, wie sie glaubte, daß man den lieben müsse, dem man alles dahingibt, Seele und Leib, aber sie liebte auch keinen andern.

Ihre kühle Herbheit wußte nichts von dem Gefühl, was andere Liebe heißen. Es kam ihr oft sogar absurd, lächerlich vor.

Sie war jetzt wieder ganz ruhig geworden und mit sich selbst im Reinen.

Der gute Rustand hatte wohl etwas phantastisch geschwärmt, als er von den beiden Hälften und von Plato sprach. Das paßte nicht in die märkische Heide mit ihren ernsten Kiefernwäldern und klaren Seen. Das paßte mehr zur sonnigen Provence, zu Olivenhainen und Palmengärten.

Sabine Wart reckte sich und strich sich das Haar aus der Stirn. Um ihre Lippen lag ein fester, entschlossener Zug. Gleich morgen wollte sie mit ihrem Vater über die Hochzeit sprechen, es hatte keinen Zweck mehr, sie nun noch länger aufzuschieben.

Als sie ans Fenster ging, um die Gardinen davorzuziehen, beugte sie sich noch einmal hinaus. Der Mond war jetzt höher gestiegen. Frei und hell schwebte er als volle Scheibe über den dunklen Baumsilhouetten.

Vom Hof her klang aus den Ställen hin und wieder das Klirren einer Kette oder das Wiehern eines Pferdes. Um den Giebel huschten emsig kleine, dunkle Fledermäuse.

Auf dem Steinpflaster ging der Posten schweigend auf und ab. Hell blitzte die Spitze seines Bajonetts im Mondlicht.

Im Pferdestall brannte trübe die Laterne.

An der Stallwand lehnte der Gartenjunge, die Hände in den Hosentaschen und starrte in den Mond. Dabei sang er leise, mit trauriger, eintöniger Stimme:

„Ich hab die Nacht geträumet
Wohl einen schweren Traum;
Es wuchs in meinem Garten
Ein Rosmarienbaum.

Ein Kirchhof war der Garten,
Ein Blumenbeet das Grab,
Und von dem grünen Baume
Fiel Kron und Blüte ab.

Die Blüten tät ich sammeln
In einen goldnen Krug;
Der fiel mir aus den Händen,
Daß er in Stücken schlug.

Draus sah ich Perlen rinnen
Und Tröpflein rosenrot.
Was mag der Traum bedeuten?
Ach, Liebster, bist du tot?“

Da zog Sabine die Gardinen vors Fenster und zündete die Wachskerzen an.

*

Die französischen Offiziere taten heute sehr geheimnisvoll. Die Mannschaften hatten eine große, grüne Girlande um die Saaltür und um den langen Eßtisch geflochten. Es lag wie eine feierliche Stimmung über allen. Als Sabine erstaunt fragte, was das bedeutete, hieß es, es sei der Namenstag des Generals Rustand. Sie hätte ihm gerne gratuliert, aber sie bekam ihn nicht zu sehen. Er war den ganzen Tag über dienstlich beschäftigt. Abends hatte er die Offiziere zum großen Diner eingeladen, mit den besten französischen Weinen, die seine Verpflegungswagen mit sich führten.

Der altehrwürdige Saal in Alt-Reckow prangte in festlichem Glanz. Flackernde Kerzen spiegelten sich in dem Silber und Kristall auf den langen Tafeln. Schweigend sahen die hohen, dunklen Ahnenbilder von der Wand auf das wilde, lustige Treiben herab.

Wie Gold und Purpur perlte der Wein in den Kelchen, Uniformen blitzten, sprühende, lachende Blicke flogen hin und her. Sie tranken auf Frankreichs Glück und Frankreichs Ruhm. Auf die unermeßliche Macht ihres glorreichen Kaisers. Dem die halbe Welt zu Füßen lag. Der wie ein Gott seine Hand über das zitternde Europa gestreckt hielt. Der mit dem Lorbeerkranz auf der Stirn stolzen Auges eine halbe Million blühender Menschenleben ostwärts führte zu neuen, großen Taten, weltumwälzenden Siegen.

Sie waren wie trunken vom Glück ihres Kaisers.

Der lärmende Jubel klang weit hinaus auf die Terrasse, wo der Baron mit Sabine saß. Da schlug Rustand an sein Glas und erhob sich. Es wurde still. Sie hörten draußen jedes Wort, das er sagte, ob sie wollten oder nicht.

„Meine Herren! Siegestrunken folgen Sie von neuem den Spuren unseres glorreichen Kaisers. Auf Ihren Wangen, in Ihren Augen stehen Lust und Freude. So soll es sein. Aber wir wissen es, daß über unser aller Leben geschrieben steht: Die wir zum Tode gehen. Es wird jetzt ernst werden. Aus Spaniens blühenden Gefilden ruft uns der Befehl unseres Kaisers nach Osten, nach Rußland hinein. Keiner weiß, was die Zukunft bringt. Aber ob in Ägyptens Sonne und Wüstensand oder in Rußlands schneeverwehten Eisfeldern, es gilt Frankreichs Ruhm von Meer zu Meer zu tragen. Unseres

Kaisers Standarte in Nord und Süd zu pflanzen. Darum meine Herren – was auch die Zukunft bringen mag: Bis in den Tod den Degen hoch für unsern Kaiser! Napoleon Bonaparte, Kaiser von Frankreich und Herrscher Europas, lebe hoch!“

Wie ein Mann sprangen die Offiziere von ihren Stühlen auf, daß es klirrte. Brausendes, nicht endenwollendes Hochrufen mischte sich mit dem Klang der Gläser.

Da ging die Tür auf.

Sie hatten alle noch die Gläser an den Lippen, um sie zu leeren.

Im Rahmen der offenen Flügeltür stand gespenstisch beleuchtet vom Widerschein der hochaufflackernden Kerzen, hager, bleich, wie ein Bild aus vergangenen Tagen, der alte Baron. In der zerschlissenen Uniform seines großen Königs. Die eisigen, stählernen Augen voll Zorn und Haß.

Wie erstarrt blieben alle stehen, das halb geleerte Glas in der Hand. War das ein Spuk aus dem vorigen Jahrhundert?

Da hob der Alte den Krückstock. Seine Stimme klang wie zersplitterndes Glas. „Gottes Fluch auf euch, ihr Mörder und Räuber! Niemand von euch allen wird so heimkehren aus Rußland, wie ihr gegangen seid. In Eis und Schnee treff' Gottes Fluch den Korsen. Den Korsen und seine große Armee!“

Ein gellendes, irres Gelächter kam von den blutleeren Lippen des Alten. Das fuhr ihnen allen durch Mark und Bein, daß sie sich nicht rühren konnten.

Dann kehrte er langsam um und humpelte davon. Anton schloß blaß und zitternd die Tür hinter ihm.

Auf der Terrasse hatten sie jedes Wort gehört. Sabine war entsetzt aufgesprungen.

„Um Gottes willen, der Großvater!"

Im Festsaal aber wollte kein rechter Siegesjubel mehr aufkommen.

*

An diesem Abend war Hans Lenchow aus Kleesdorf herübergeritten gekommen. Er hatte von der Terrasse aus mit den andern den Vorgang im Saal mitangehört. Als sie den Großvater wieder beruhigt und zu Bett gebracht hatten, ging Sabine mit ihrem Verlobten noch einmal durch den Garten. Ihr war so beklommen zumut, sie wußte selbst nicht, weshalb.

Sie sprachen von diesem und jenem, er hatte seinen Arm um ihre Schultern gelegt. Plötzlich machte Sabine sich los und blieb stehen.

„Warum so brüsk, Kind, was ist? Weißt du, Sabine, eigentlich bist du nie eine zärtliche Braut gewesen. Ich hatte mir das einmal ganz anders gedacht mit dir."

„Du auch, Hans? O, dasselbe wollte ich dir ja gerade eben sagen. Ich hatte mir das auch einmal ganz anders gedacht.“

Er lachte gezwungen.

„ Nanu, Kind, wie denn? Gebe ich dir nicht alles, was ich habe? Gib mir einen Kuß! Mädel, was sind deine Augen schön! Und wie süß dein Haar wieder duftet!“

Sie trat einen Schritt zurück, heiße Angst in den Augen.

„Siehst du, Hans, das ist es gerade. Du siehst immer nur den äußeren Menschen an mir, immer nur die Frau – aber nie meine Seele.“

Er lachte.

„Na hör mal, wenn ich als dein Bräutigam nicht einmal die Frau in dir sehen dürfte, das wäre doch noch schöner. Was soll ich mit einer schönen Seele.“

Sie lehnte sich an den Baumstamm, ihr Gesicht war weiß.

„Hans, wenn wir uns nun vielleicht doch geirrt hätten, und ich nicht deine richtige Hälfte bin?“

„Was für'n Ding? Richtige Hälfte? Was meinst du damit?“

„Ja, siehst du, Plato hat doch gesagt, zwei Seelen sind von Anbeginn für einander bestimmt, und das fühlen sie ganz genau. Ich versuche immer, es bei dir zu fühlen, aber ich fühle es doch nicht.“

„Plato, oder wie der Kerl sonst heißt, ist'n

Schafskopf. Wer hat dir denn solche Flöhe ins Ohr gesetzt? Wir Männer brauchen nun mal was zum Küssen – und nun komm her."

Sie streckte ihre Hände aus, wie in Abwehr.

„Bitte, nicht, Hans – bitte, nicht. Wenn du mich bloß zum Küssen haben willst – dazu – dazu –"

Er lachte hart auf.

„Dazu ist sich die Demoiselle wohl zu schade? Seit wann bist du denn so zimperlich geworden, Kind? Aber es ist wahr, küssen hast du nie recht gekonnt."

Sie sah sehr ernst aus.

„Hans, ich werde dich nie so lieben können, wie du es willst. Und ich bin froh, daß ich es dir heute gesagt habe. Ich kann nicht lügen, Hans. Und unsere Ehe wäre eine Lüge geworden."

„Das sagst du mir einfach so, nachdem wir zwei Jahre in aller Eintracht verlobt sind. Meinst du, die Verlobungen sind nur dazu da, um wieder aufgelöst zu werden?"

„Nein, Hans, aber damit man die Möglichkeit hat, sich noch vor der Ehe näher kennenzulernen. Nachher ist es zu spät."

Er trat einen Schritt näher auf sie zu.

„Sabine, und was wird dein Vater sagen? Er hat schon viel Hartes durchgemacht in seinem Leben."

Sie sah starr an ihm vorüber aufs Wasser.

„Hans, niemand kann gegen seine eigene Seele. Ich wollte dem Vater immer nur Freude machen.

Auch damals, als ich mich mit dir verlobte. Es paßte alles so gut, und er sah es gern. Das war nicht recht von mir, Hans. Es gibt etwas in uns, das stärker sein soll, als die Rücksicht auf andere. Das ist die innere Stimme unserer Seele, die habe ich betäubt, zwei Jahre lang."

Jetzt faßte er ihren Arm, seine Stimme zitterte:

„Du liebst einen andern, Sabine?"

„Nein, Hans, gewiß nicht, dann hätte ich es dir doch gesagt. Wer sollte das auch sein?"

Da ließ er ihren Arm los.

„Dann ist es gut, Sabine. Aber versprich mir, Vater noch nichts davon zu sagen. Überlege dir die Sache doch erst noch einmal. Denke doch, was es für Aufsehen machen würde, wenn unsere Verlobung auseinanderginge. Was würden die Menschen sagen."

Ein müdes Lächeln stand um ihre Lippen.

„Ist das die Hauptsache, Hans, was die Menschen dazu sagen? Ich denke, die Hauptsache ist, was unsere eigene Seele dazu sagt. Aber du hast recht. Wir wollen erst noch einmal reiflich darüber nachdenken, welcher Weg der richtige ist, ehe wir wieder darüber sprechen. Gute Nacht."

Er zog hastig ihre Hand an seine Lippen, sein Gesicht war ernst.

„Treib dir die Grillen aus dem Kopf, Kind. Gute Nacht."

Dann ging er die lange Allee zurück, und sie

hörte ihn nach einer Weile über den Hof nach Kleesdorf zurückreiten.

Sie stand an den Baumstamm gelehnt und rührte sich nicht. Voll schien der Mond auf ihr helles Kleid und das dunkle Haar. Ihre Lippen zitterten. Es war, als ob sie mit den Tränen kämpfe.

Doch dann biß sie die Zähne aufeinander und ging mit raschen Schritten ins Haus zurück.

Der Vater war in sein Arbeitszimmer gegangen, die andern schliefen wahrscheinlich alle schon längst. Als sie am Saal vorüberging, stand die Tür nur angelehnt. Es roch nach Wein und welken Blumen. Richtig, sie hatten ja eine Girlande für den General geflochten. Umgestürzte Gläser und Speisereste bedeckten den Tisch.

Es war niemand mehr drinnen. Sie schleppte einen der großen, schweren Stühle in die Ecke, wo das Ahnenbild mit den klagenden Augen hing. Sie mußte sich doch noch einmal genau die Ahnfrau aus dem 15. Jahrhundert ansehen.

Wie ernst sie aussah mit ihrem schwarzen Kleid und den gefalteten, schmalen, weißen Händen. Eine Welt voll Sehnsucht und Leid lag in den großen, dunklen Augen.

Sabine strich weich mit den Händen über das Ölbild.

„Hast du auch, wie ich heute, nach der anderen, der passenden Hälfte deiner Seele gesucht?"

Sie flüsterte es leise und rieb mit dem Taschentuch den Staub vom goldenen Rahmen. Dabei merkte sie gar nicht, daß plötzlich Rustand neben ihr stand.

Sie fuhr zusammen.

„Wo kommen Sie her, General? Ich hatte Sie gar nicht gehört?“

„Das glaube ich, Sie sind ja so vertieft in ihrer sonderbaren Arbeit. Was machen Sie da nur? Ich muß eine Karte hier liegen gelassen haben, die wollte ich eben holen, als ich Sie da oben balancieren sah.“

Sie wischte ruhig weiter, als müßte es so sein.

„Haben Sie sich diese Ahnfrau schon einmal angesehen, General?“

Er hob sich auf den Fußspitzen und sah scharf nach oben.

„Es ist so dunkel hier. Ich kann sie nicht gut erkennen.“

Er ging zum Tisch, nahm einen der brennenden Leuchter und hielt ihn hoch über seinen Kopf.

„Parbleu, Baronesse, die sieht Ihnen aber ähnlich!“

Sabine ließ vor Schreck ihr Taschentuch fallen.

„Ich bitte Sie, General, solche Beleidigung.“

„Beleidigung? Aber, Baronesse, die Dame ist schön.“

„Das meine ich nicht. Aber – dieser Ausdruck im Gesicht, diese traurigen Augen – als ob ihr durch die Suche nach der echten Liebe viel Leid geschehen ist. Für mich wird der Begriff Liebe immer nur ein leerer Begriff bleiben – etwas künstliches!"

Er wandte langsam den Kopf und sah sie groß an.

„Das sagen Sie als Braut?"

„Ja – ich als Braut."

Er holte tief Atem.

„Sie dürfen das nicht sagen, Baronesse, Sie nicht! Wissen Sie denn, ob das, was Sie bisher empfanden, die wahre Liebe war? Wissen Sie denn, ob es nicht falsche Schätze waren, womit Sie sich unnütz beladen haben, und darüber das Beste liegen ließen, die blaue Wunderblume?"

Sie sah ihn erstaunt an.

„Sie kennen das Märchen auch?"

„O ja, wer kennt es nicht, das Märchen von der blauen Blume? Baronesse, glauben Sie es mir: das Leben ist nicht so einfach und selbstverständlich. Es ist ein Rätsel. Aber es ist schön – unsagbar schön. Weil es eines darin gibt, das siegend über all dem Kleinen, Zweifelhaften, Alltäglichen steht – ein einziges nur: die Liebe. Die Liebe, ob sie nun zu Lust oder Leid führt – die Liebe, an die Sie nicht glauben. Aber die Frau da oben mit den tiefen, wissenden Augen, die hat sie gekannt."

Sabine schüttelte den Kopf. Um ihre Lippen spielte ein Lächeln.

„Sie geraten zu sehr in Ekstase, General. Dazu bin ich zu nüchtern, zu prosaisch. An diesem, die

Seele umwälzenden Sturm, den die Menschen Liebe heißen, glaube ich nun einmal nicht. Ich werde ihn nie kennenlernen. Ich werde Hans Lenchows braves, kühles Weib werden – auch ohne das. Aber gute Nacht, General. Es ist schon spät geworden."

Sie reichte ihm die Fingerspitzen.

Er zog sie an die Lippen.

„Gute Nacht und adieu, Baronesse. Morgen vor Tagesgrauen sind Sie uns los, auf Nimmerwiedersehen."

„Adieu, General, und gute Fahrt. Glück zum Krieg kann ich Ihnen ja nicht wünschen, da Sie unser Feind sind. Aber sonst alles Gute. Und glückliche Heimkehr in Frankreich!"

Er öffnete ihr die Tür und trat zurück.

„Und – Baronesse – vergessen Sie die blaue Blume nicht. Es ist nun doch einmal die Hauptsache. Bon soir."

Er verneigte sich tief. Leise klirrten die Sporen, als er die Hacken zusammenlegte.

Sie nickte ihm noch einmal zu – flüchtig, wie in Gedanken.

Dann war sie an ihm vorüber aus der Tür.

*

Ein reicher, blühender Sommer zog durch das Land, von einem frühen Herbst gefolgt. In Preußen und dem ganzen übrigen Europa folgte man mit Spannung den Ereignissen jenseits der Weichsel. Am 24. Juni hatte das 235 000 Mann starke französische Hauptheer an drei Punkten bei Kowno den Niemen überschritten. Die Russen wichen überall vor der ihnen zahlenmäßig überlegenen feindlichen Macht zurück, das Land verwüstend und Städte und Dörfer anzündend. Schon begann das französische Heer Mangel zu leiden, da die Einwohner alle Vorräte vernichteten, die sie nicht verstecken konnten. Bald begannen die Truppen der Verbündeten mißmutig zu werden. Napoleon achtete auf das alles nicht. Er drängte nach Moskau, nur in Moskau wollte er den Frieden diktieren. Am 18. August fiel nach zweitägigem, blutigem Kampf die Festung Smolensk in seine Hände, allerdings nur als ein ausgebrannter Schutthaufen. Am 7. September wurde das russische Heer unter Kutusow bei Borodino an der Moskwa geschlagen. Es war ein blutiger Sieg für Napoleon, da er hierbei 30 000 Mann verlor. Endlich zog er am 14. September mit nur 100 000 Mann in die alte Zarenstadt ein. Hier hoffte er bis zum Frühjahr Ruhe zu finden.

*

Es war gegen Ende September. Im Wohnzimmer saß Tante Neldchen am Kaminfeuer. Sie strickte für Weihnachten. Eine behagliche Wärme durchzog das Zimmer. Es war doch schon erheblich kühl, der Winter sollte ja dies Jahr so früh kommen. In der Ofenröhre platzten die ersten Bratäpfel.

An der anderen Seite des Kamins saß Sabine. Sie war schmaler und blasser geworden. Ihr Gesicht hatte jetzt oft etwas Ruheloses, Bekümmertes.

„Wie gesagt, Sabine, alle rechnen damit, daß vor Weihnachten noch die Hochzeit ist. Ferdinande fragte neulich danach. Man weiß gar nicht mehr, was man antworten soll."

Tante Neldchen rückte etwas ärgerlich an ihrer gelben Hornbrille.

Sabine ließ ihre Arbeit in den Schoß sinken und sah in die Flammen.

„Tante Neldchen, ich rede noch heute mit Papa, mit Hans habe ich schon alles besprochen. Wir haben eingesehen, wir passen nicht zueinander. Wir lösen unsere Verlobung wieder. Glaube mir, es ist besser so. Ich kann ihm das doch nicht bieten, was er von der Ehe erhofft."

Tante Neldchen ließ eine Stricknadel fallen.

„Um Gottes willen, Kind, bist du krank?"

„Im Gegenteil, Tante, ich bin endlich gesund geworden. Glaube mir, ich bin alt genug, die Sache beurteilen zu können. Bitte, sprich jetzt nicht weiter davon. Wollte nicht Magister Fidelius nachher kommen?“

Sabine stand auf und machte sich im Zimmer zu schaffen.

Tante Neldchen war zu erschlagen von dieser neuesten Eröffnung, als daß sie irgend etwas hätte sagen können.

Ach Gott, ach Gott, die schöne Aussteuer!

Da rollte ein Wagen auf den Hof, und bald darauf trat der alte Magister Fidelius händereibend mit vielen Verbeugungen ins Zimmer. Man lud ihn von Zeit zu Zeit zu einer Tasse Tee ein, weil Tante Neldchen ihn so gerne Klavier spielen hörte.

Jetzt mußte sich Tante Neldchen zusammenraffen.

„Guten Abend, lieber Magister. Das ist ja schön, daß wir Sie einmal wieder bei uns sehen dürfen.“

Sie bat ihn, Platz zu nehmen. Dann kamen Sabine und der Baron, und man setzte sich behaglich um den Kamin.

Sabine hantierte am Teetisch und brachte jedem seine dampfende Tasse. Dann redete sie dem alten Magister zu ihrem selbstgebackenen Mürbekuchen zu.

Der Baron schlug die Knie übereinander und legte die äußersten Spitzen seiner Finger zusammen.

„Nun, Magister Fidelius, was bringen Sie Neues

aus der Stadt? Da sind doch die Nachrichten vom Kriegsschauplatz meist aktueller als auf dem Land."

Der alte Magister setzte mit zitternden Händen seine leere Tasse neben sich auf den Tisch.

„Ich weiß nicht, Herr Baron, ob Sie es schon hörten, das von dem furchtbaren Brand."

„Brand? Wo?"

„Nun, in Moskau. Heute kam die Nachricht, gerade eben, ehe ich fortfuhr. Vom 15. bis 21. September ist mehr als die Hälfte Moskaus in Asche gelegt worden. Niemand weiß, wie das Feuer entstand. Selbst Napoleon ist von den Flammen gezwungen, seinen Sitz nach dem Lustschloß Petrowsky zu verlegen. Für Napoleon ein furchtbarer Schlag, denn in Rußland steht der Winter vor der Tür."

Der Baron war aufgesprungen und ging erregt im Zimmer hin und her. Tante Neldchen hatte auch ihren ersten Schreck über diesen zweiten vergessen und stellte tausend Fragen, die keiner beantworten konnte. Nur Sabine hatte nichts gesagt. Vielleicht war sie noch einen Schein blasser geworden als vorher.

Der Baron sah nach der Uhr.

„Es ist jetzt zu spät. Aber morgen früh will ich gleich zur Stadt reiten, um Näheres zu erfahren. Sollte Großvater recht haben? Gottes Strafgericht fängt schon an."

Er trat schnell an das Tischchen und trank in hastigen Zügen seine Tasse leer.

„Sie entschuldigen mich wohl, lieber Magister, aber ich habe noch auf dem Hof zu tun. Sie spielen meiner Schwester wohl nachher noch ein wenig auf dem Klavier. Sabine kommst du mit?“

Sabine sah ihren Vater an.

Hatte er ihre Gedanken erraten, daß sie ihn gerne allein sprechen wollte, daß sie gerade heute ein Bedürfnis danach hatte, mit ihm allein zu sein?

„Aber ziehe dich warm an, Kind, es ist windig und kühl draußen“, sagte er und ging hinaus.

Sabine goß noch einmal Tee auf, rückte das Tischchen dicht neben Tante Neldchen, damit sie es bequem erreichen könnte, denn sie wußte, Tante Neldchen trank gerne vier bis fünf Tassen in Ruhe. Dann ging sie schnell ihrem Vater nach.

Der Magister hatte inzwischen eine Prise genommen, die jetzt so kräftig wirkte, daß die Angorakatze fast vor Schreck in den Kamin sprang. Sie war das Niesen nicht gewöhnt, denn Tante Neldchen unterdrückte es stets, weil es nicht vornehm war. Dann ging der alte Magister zitternd an das Klavier und spielte. Andachtsvoll lauschend, manchmal mit Tränen in den Augen, aß Tante Neldchen die Mürbekuchen auf, bis nichts mehr übrig war. Dann wischte sie sich verstohlen die Augen und griff zu den Anisplätzchen. Zu ihren Füßen aber lag Ludmilla und schnurrte behaglich.

Währenddessen wanderten Vater und Tochter draußen im Herbststurm über den Hof, und dann langsam, wie es ihre Gewohnheit war, querfeldein.

Es war schon recht dunkel draußen, nur die Lichter vom Herrenhaus und von den Ställen blitzten hier und da durch die knarrenden Zweige, von denen der Wind die raschelnden, bunten Blätter wirbelnd entführte.

Sie sprachen beide wenig. Jeder hing seinen eigenen Gedanken nach. Ein eigentümliches Gefühl, wie Triumph und Genugtuung, war bei der Nachricht vom Brand Moskaus in der Seele des Barons erwacht. So wurde Napoleons Übermut doch endlich bestraft.

Jetzt holte Sabine tief Atem.

„Papa, ich möchte dir etwas sagen, etwas, das ich nicht länger bei mir behalten kann. Willst du mich anhören?"

Er bog jetzt mit ihr in den Park ein, wo es geschützter war, und der Wind die Worte nicht so verschlang.

Der Baron tastete im Dunkeln nach ihrer Hand.

„Aber ja, Liebling, du sollst deinem Vater doch immer alles sagen."

„Es ist aber diesmal sehr schwer, Papa, denn es wird dich betrüben."

„Nur heraus damit, Kind. Zwischen uns soll Wahrheit sein. Immer. Wenn auch manchmal die Wahrheit bitter ist."

„Es ist“ – sie stockte – „es ist – wegen meiner Hochzeit.“

Jetzt blieb er stehen.

In die alten Baumkronen über ihnen packte der Wind mit seiner harten Faust und riß an den Zweigen und Ästen, daß ihnen Hören und Sehen verging. Sie stand mit gesenktem Kopf vor ihm und wagte nicht, aufzusehen. Da hob er weich mit seiner Hand ihr Kinn empor und zwang sie, ihm in die Augen zu blicken.

„Was hat meine Tochter ihrem Vater zu sagen?“

„Papa, ich kann Hans Lenchow nicht heiraten.“

Er ließ ihr Kinn los und nickte langsam mit dem Kopf.

„Ich habe es mir gedacht, Kind, seit langem schon.“

Dann gingen sie langsam weiter.

Nach einer Weile begann er wieder: „Und kannst du mir nicht sagen, Kind, weshalb?“

Da öffnete sie zaghaft die Pforten ihrer Seele vor ihrem Vater.

„Du weißt, Vater, ich habe Hans immer gern gehabt, so zum Spielen als Kind, und dann später zum Spaß machen und necken, wie das so zwischen Vetter und Kusine ist. Aber – zur Ehe will ich doch mehr. Ich weiß nicht, Vater, ob das sehr anspruchsvoll von mir ist. Es kam damals so viel, was auf mich einstürmte. Jürgens Tod und dann – du mochtest Hans immer so gern, da dachte ich, es wäre gut, wenn wieder ein Sohn ins Haus käme. Und als ich sah, daß er mich liebhatte, da dachte ich, ich hätte ihn auch lieb. Aber es war wohl nicht die richtige Liebe, Papa. Denn die hat doch niemals ein Ende. Hans sieht es auch ein – er hat es auch allmählich gefühlt, daß es eine Täuschung war. Wir haben uns deshalb schon ausgesprochen."

Langsam, ernst nickte der Baron ein paarmal mit dem Kopf. Dann sagte er weich: „Es ist gut Kind, daß du dir über dich selber klar geworden bist. Ich danke Gott, daß es jetzt kam. Nachher in der Ehe darf es nicht kommen, gerade diese Zeit vorher ist dazu da, daß wir die Erkenntnis gewinnen, ob wir zusammen passen oder nicht. Es bliebe den Menschen viel Leid erspart, wenn sie sich immer beizeiten bedächten, ehe es zu spät ist. Denn sobald Gott den Segen über ein Paar ausgesprochen hat, darf sie nichts mehr trennen. Denn was Gott zusammengefügt hat, soll der Mensch nicht scheiden. Um der Kinder willen nicht."

Sabine nahm seine Hand. Sie atmete tief und befreit.

„Nun bleibe ich immer, immer bei dir, Papa, in Alt-Reckow. O, was wird das für ein schönes Leben werden!"

Und plötzlich breitete sie die Arme aus und jauchzte laut hinaus in den tosenden Herbststurm: „Papa, was bin ich jetzt glücklich. So frei, so frei!

Immer war mir, als schleppte ich eine Lüge mit mir herum. Nun ist alles so klar und so rein."

Er zog sie an sich und küßte sie auf die Stirn. „Du, mein geliebtes Kind! Gott gebe, daß du es nie bereust. Aber was wird nun der arme Hans machen?"

Sie sah gedankenverloren vor sich hin. Dann strich sie ihr Haar aus der Stirn.

„Bei ihm wird die Lustigkeit und der alte Frohsinn über diesen kleinen Schmerz siegen. Hoffentlich findet er bald eine nette, fidele Frau, so wie er sie haben will. Niemand würde sich mehr darüber freuen als ich."

Der Baron bog in die Allee ein.

„Nun müssen wir aber wohl hinein zu Tante Neldchen und Magister Fidelius. Ich glaube, er spielt immer noch Klavier."

An den Giebel aber warf der Herbststurm ganze Hände voll bunter, wirbelnder Blätter.

*

„La bouteille, mon ami, la bouteille! O, j'ai soif – j'ai faim! – j'ai froid!"

Eine hagere, frosterstarrte Hand griff über das verglimmende Wachfeuer nach der kreisenden Schnapsflasche.

Gläserne, flackernde Augen, die tief in den Höhlen lagen, starrten irr in die glimmende Glut. Sie saßen alle mit dem Siegel des Todes an der Stirn und dehnten und reckten ihre Lumpen, um die blaugefrorenen Blößen zu bedecken.

„Min Moder sall mi en paar Socken schicken. Ick heww son Weihdag."

Und der riesige Mann aus Pommern zog seine blutigen, nackten Füße aus dem Schnee und schob sie dicht, dicht an die Glut.

Über die endlose Ebene pfiff der Steppenwind – heulend – klagend – und warf den sterbenden Männern am Feuer Eis und Schnee ins Gesicht. Zu zwanzig, dreißig saßen sie, einer an den anderen gelehnt, und träumten von der Heimat. Ein junger, hübscher Bursche, dem kaum der erste Flaum über den Lippen keimte, versuchte zitternd die Hände zu falten. Mit müder, leiser Stimme sang er das Lied, das er zur Sommerszeit einst in der kleinen Heimatkapelle am Rhein vorm Gnadenbild gesprochen hatte:

„Meerstern, ich dich grüße, o Maria hilf!
Mutter Gottes süße, o Maria, hilf!

Maria, hilf uns allen aus dieser tiefen Not!
Nimm uns in deine Hände,
Uns das Licht zuwende,
Maria, hilf uns allen aus dieser großen Not!"

Immer leiser wurde sein Stammeln, immer zitternder.

Dann fiel er hintenüber.

Tausend Sterne standen eisig und frostklar am schwarzen Himmel – tausend Menschenseelen wanden sich in Qual und Not auf den weiten, todeinsamen Schneeflächen – tausend Augen suchten Tag für Tag nach Rettung, nach einem Dach – einer Feuerstelle – einem Schutz, der diesem heulenden Nordwind wehrte, der durch die dünnen, zerrissenen Uniformen in die bloße Haut schnitt. Tausend Füße irrten wund und todmüde, ohne Strümpfe, ohne Schuhe über die gläserne, bröckelnde Schneekruste. Nur ein einziges wildes, großes Verlangen nach der Heimat war in der Seele dieser Todgeweihten.

Blutrot stieg der Mond über das schwarze Wasser der Beresina empor, in der die Eisschollen krachten und knirschten. Große, dunkle Schneewolken jagte der Eiswind über die flimmernden Sterne. Mild, barmherzig rieselten die weißen Flocken vom Himmel. Mitleidig die große, heilige Not zudeckend – und das furchtbare Elend. Langsam erlosch die letzte, rote Glut, prasselnd fielen die verkohlten Scheite ineinander. Niemand wachte mehr am erloschenen Feuer. In ihre Mäntel gewickelt, weit vornübergebeugt, saßen sie reglos – tote Schildwachen. Dichter fiel der Schnee – sie merkten es nicht mehr.

Ein Trupp Reiter sprengte vorüber. An ihrer Spitze war ein höherer französischer Offizier.

Als sie an dem erloschenen Wachfeuer mit den schlafenden Schildwachen vorüberkamen, machte der Vorderste Halt.

„Vielleicht lebt noch einer." Er sprang vom Pferd, die erstarrten Arme zur Erwärmung um die Rippen schlagend.

Sein Adjutant runzelte die Stirn. „Es ist zwecklos, mon général. Sie sind alle tot. So wie die unzähligen Gruppen, die wir heute schon passierten."

Er murmelte einen Fluch durch die Zähne und nahm einen Schluck aus seiner Branntweinflasche.

Rustand erwiderte nichts.

Von Mann zu Mann ging er und sah ihnen in die starren, gebrochenen Augen.

Da lag einer, dicht am Feuer, tief in seinen Mantel gewickelt.

Rustand rüttelte ihn am Arm und zog ihm den Mantel vom Kopf. Da drehte sich der Liegende um und schlug müde, verschlafen die tiefen, dunklen Augen auf, die wie zwei Kohlen in dem wächsernen Gesicht standen. Da taumelte Rustand zurück, beide Hände in jähem Entsetzen vorgestreckt. Hatte ihn Rußland irre gemacht, daß ihn dies eine Leben hier mehr erschreckte als alle Toten ringsum?

Dann faßte er sich.

In deutscher Sprache redete er den Liegenden an. Darüber wunderte sich sein Adjutant und seine wartenden Soldaten.

„Mann – hier dürft Ihr nicht liegen bleiben, das ist Euer Tod."

Er stützte den Mann und half ihm auf die Füße. Der taumelte und wäre wieder gefallen, wenn Rustand ihm nicht geholfen hätte. Und mit starken Armen trug ihn Rustand nach vorne, wo sein Pferd und die andern warteten. Langsam träufelte er dem Ohnmächtigen Branntwein auf die blaugefrorenen Lippen.

Dann nahm er ihn vorne vor sich auf sein Pferd. Liebkosend klopfte er dem Tier den schlanken Hals, der jetzt so struppig und ungepflegt war.

„Armer Anvil, nun hast du doppelte Last zu tragen, aber es ist nicht mehr weit."

Sie schüttelten alle den Kopf über ihren General, aber sie liebten ihn und folgten ihm wortlos. Denn wer sollte Raoul Rustand nicht lieben?

Langsam, Schritt für Schritt, bahnte sich der kleine Trupp seinen mühsamen Weg weiter durch das Schneegestöber.

Schützend wie eine Mutter hielt Rustand seinen

Arm um den Ohnmächtigen, den er dem Tod entrissen hatte.

Endlich, endlich sahen sie Mauern ragen, ein elendes, verlassenes Gehöft. Aber doch etwas wenigstens, das Schutz gegen die prickelnden Eiskristalle bot, wenigstens eine Nacht lang.

In einer rauchgeschwärzten, niedrigen Stube, wo der Wind durch die losen Fensterrahmen fuhr und Schneeberge auf dem Lehmboden aufhäufte, saß der General auf einer umgestürzten Kiste. Nebenan hatten seine Soldaten ein Feuer im Herd entzündet; was sie noch an steingefrorenem Brot und Schaps hatten, ging von Hand zu Hand. Rustand hatte den Ohnmächtigen auf eine Strohschütte am Boden gebettet. Langsam kam er in der Wärme des Herdes und durch die Tropfen Branntwein, die ihm wie belebendes Feuer durch die Adern rieselten, zu sich. Jetzt richtete er sich langsam auf und stützte den Kopf auf den Ellbogen. Seine Augen sahen fragend zu Rustand hinüber.

„Wer seid Ihr, daß Ihr solche Barmherzigkeit an mir tut?“

Der General stand langsam auf und beugte sich über das Strohlager.

„Ihr dürft nicht zuviel reden, Ihr braucht Ruhe. Es war ja unsere Pflicht, daß wir Euch halfen.“

Der andere sah auf die flackernden Flammen im Herd und auf die schweigenden, ernsten Gesichter der Männer, die sich dicht um die Flammen geschart hatten, und die letzten Bissen Brot miteinander teilten.

Mit gierigen Augen sah der Gerettete auf dies steinharte Brot.

Da holte Rustand ihm seinen eigenen Anteil, den die Soldaten auf die Holzplatte gelegt hatten.

Mit beiden Händen griff der Liegende danach, dann sah er fragend auf Rustand.

„Und Ihr?"

Rustand lächelte. „Ich habe schon gegessen. Ich bin satt."

Dabei hatte er seit vierundzwanzig Stunden nichts im Leibe.

„Wunderbar", sagte der andere, während er mit träumenden Augen an seinem Brot nagte – „wunderbar, Gott muß wohl noch etwas mit mir vorhaben. Zum zweiten Mal vom Tod errettet."

„In Stralsund, nicht wahr?"

Der General rückte die Kiste dicht ans Strohlager und sah dem Liegenden scharf ins Gesicht. Nebenan begannen die Soldaten zu schnarchen, nur der Adjutant sah noch wach und starr ins Feuer.

Der andere fuhr auf: „Woher wißt Ihr das?"

Wieder lächelte der General. „Ich weiß, wer Ihr seid. An der Ähnlichkeit mit Eurer Schwester habe ich Euch erkannt. Ihr seid Jürgen Wart aus Alt-Reckow."

Der andere nickte. Hier in Rußland scheint einem nichts mehr wunderbar vorzukommen.

„Der bin ich. Ich war Schillscher Husar. Damals in Stralsund bin ich wie durch ein Wunder gerettet worden. Der einzige Offizier jenes Regiments, der noch am Leben ist. Ich war schwer verwundet. Brave, einfache Leute pflegten mich gesund und versteckten mich vor den Franzosen. Ich wurde dann auf einem pommerschen Hof Knecht. Niemand durfte es ja erfahren, daß ich einmal Schillscher war, es wäre mein Tod gewesen. Damals, als ich vom Untergang meines Regiments und von Wesel hörte, wollte ich mich melden. Ich kam mir in meinem Versteck feige vor, während die anderen alle fürs Vaterland starben. Dann dachte ich an Zuhause und an die Meinen und meinte, es wäre nützlicher, mich zu erhalten für den großen Freiheitstag, der doch einmal kommen muß. Da wurden wir von Napoleon gegen Rußland aufgestellt. Ich mußte mit ins Feld, unter französischen Fahnen. Nun bin ich hier."

Im Herd knisterten die verkohlten Scheite. Ernst sahen die beiden Männer einander an. Da erhob sich Jürgen mühsam.

„Ich habe Euch zu danken, General. Ihr habt mir mein Leben gerettet."

Rustand nahm seine Hände.

„Ich sagte schon einmal, daß das unsere Pflicht war. Aber – mein Freund, wollt Ihr mir eine Bitte erfüllen?"

Jürgen Wart hatte sich jetzt ganz aufgerichtet

und lehnte sich schwer gegen die Wand. Sein Gesicht war fahl und eingefallen.

„Was soll's, General? Was in meiner Macht steht, will ich tun."

Der General war auch aufgestanden. Über sein Gesicht ging es wie Wetterschein.

„Versprecht mir, daß, wenn Ihr lebend nach Alt-Reckow kommt, Ihr Eurer Schwester Sabine –"

Er stockte einen Moment, dann fuhr er leiser fort:

„Ihr Eurer Schwester die Grüße des Generals Rustand überbringt."

Jürgen Wart sah ihn an.

„General, Ihr habt mein Wort. Niemand weiß, ob er lebend aus diesem furchtbaren Land des Elends kommen wird, ob er je die Heimat wiedersehen wird. Vielleicht bleibt Ihr, vielleicht ich. Des Überlebenden Pflicht aber sei in jedem Fall, nach Alt-Reckow zu gehen und den andern des Gebliebenen Grüße zu überbringen."

Es klang wie ein Schwur, als Jürgen Wart das sagte. Noch einmal gaben sich die Männer fest die Hand. Hier war nicht Feind und Feind, nicht Preuße und Franzose. Hier war nur Mensch und Mensch, denn draußen stand der Tod.

Klagend ging der Wind um die verlassene, einsame Hütte in der endlosen Schneebene.

Da stürzte der Posten herein, der draußen vor der Tür Wache gestanden hatte.

Ein einziger Ruf gellte durch den Raum: „Die Kosaken kommen!“

Die todmüden Männer fuhren aus ihrem Schlaf – aus süßen Träumen von der Heimat – und griffen zu den Waffen. Ehe zwei Minuten verronnen waren, saßen sie auf ihren Pferden, die sie draußen im Stall untergebracht hatten, so gut es ging.

Alle saßen auf, lautlos, ohne Kommando. Nur ein Mann war zuviel: Jürgen Wart.

Mit festem Griff hob Rustand ihn auf seinen Schimmel. Mit der flachen Hand schlug er dem Tier auf den Schenkel. „Lauf, Anvil! Auf der Flucht sind zwei zuviel für dich!“

In wildem Galopp setzte das geängstigte Tier den andern nach, denn schon schwirrten aus dem Dunkel die Lanzen der Kosaken.

Im Schneegestöber aber brach Rustand zusammen. Die erste Lanze hatte ihr Ziel gefunden. Blutrot färbte sich der Schnee um ihn her, als hätten Engel vom Himmel dunkle Rosen gestreut.

*

In Alt-Reckow brannten die Kerzen am Weihnachtsbaum im Saal. Kinderlachen und Kinderjubel schallte durchs Haus. Schon im Herbst war Ferdinande Trach mit den Kindern gekommen.

Der Baron, Tante Neldchen und Sabine waren

glücklich über die Abwechslung, und die frohen, frischen Kinder, die Leben und Lachen in die einsamen Räume brachten. Weihnachten wäre sonst zu traurig gewesen, ohne Jürgen, ohne Hans Lenchow. Jetzt war von nichts anderem die Rede als vom Weihnachtsmann und vom Christkind, von Pfefferkuchen und Marzipan.

Und die Erwachsenen wurden wieder jung mit den Kleinen und vergaßen über dem Weihnachtsglanz und den Kinderaugen fast ganz die furchtbaren Schrecken, die die Zeitungen aus dem Osten meldeten.

Es war heiliger Abend.

Am Klavier saß Sabine und spielte ein Weihnachtslied nach dem andern. Die Kinder standen im Kreis um sie herum und sangen mit roten Lippen und jubelnden Augen, jedes sein Lieblingsgeschenk an die Brust gepreßt.

Im Lehnstuhl saß der Großvater, eigentlich der Urgroßvater. Er war nach den letzten schrecklichen Nachrichten aus Rußland förmlich aufgelebt. Er weidete sich an Napoleons Elend. Als er die Nachricht von dem schaurigen Übergang über die Beresina erfuhr, hatte er zum ersten Mal nach Jahren wieder gelacht.

Der Baron und Ferdinande standen unter dem Lichterbaum und sprachen von Jürgen. Sie sahen ernst aus, in ihren Augen standen Tränen.

Sie dachten an Weihnachten 1808, als er noch

als stolzer, schlanker Husar mit ihnen unter dem Lichterbaum stand. In der Sofaecke saß Tante Neldchen, ihre weiße Katze auf dem Schoß liebkosend. Ihr war ein wenig übel, sie hatte die letzten Wochen zuviel Pfefferkuchen gekostet. –

Es war spät geworden. Nun sagten die Kinder gute Nacht und gingen zu Bett. Langsam folgten ihnen die Großen.

Sabine löschte die letzten Kerzen am Baum und ging noch einmal durch alle Zimmer.

Trotz Weihnachten und Kinderjubel war ihrer Seele weh. Sie wußte nicht, warum.

Nun wurde es still im Haus, immer stiller. Weich sank die heilige Nacht auf das Land herab.

Sabine schlug von einem der großen Fenster den Laden zurück und sah unbeweglich in die flimmernden Sterne hinauf.

Wie das leuchtete und winkte, als wären tausende Lichter angezündet.

Sie lehnte die Stirn an das kalte Fensterkreuz und dachte an die eigenen, seligen Kindertage am Weihnachtsabend, und an ihren Bruder. Sie waren immer so gute Kameraden gewesen. Um die Wette hatten sie getobt; was der Bruder tat, tat sie auch. Kein Baum war ihr zu hoch gewesen, kein Pferd zu wild. Dann dachte sie an jenen Vorfrühlingstag, als sie zusammen über die nasse Erde geritten waren, und wo er ihr das Glück des Vaters ans Herz gelegt hatte.

„Tu alles, was du nur kannst, unserm Vater zuliebe.“

Sie hob die nassen Augen zum Himmel.

„Ja, Jürgen, soviel in meiner Macht stand. Aber gegen die eigene Seele konnte ich nicht. Ich konnte nicht eines Mannes Frau werden, um Vater dadurch zu erfreuen. Aber er versteht mich.“

Über den Schnee und durch den stillen, schlafenden Wald zogen Engel. Ganze Reihen, die sich an den Händen gefaßt hielten und ein wunderbar weiches und doch so starkes Lied von Gottes Liebe sangen. Von der Krippe in Bethlehem und von dem Kreuz auf Golgatha. Von dem Mann, der seine durchgrabenen Hände schützend über den abgrundtiefen Rätseln dieses Daseins hielt.

Die Engel zogen weiter. In der Ferne verhallte ihr süßes Singen, wie leise ausschwingende Weihnachtsglocken.

Ob Sabine Wart sie gesehen hatte? Nicht alle sehen sie. Leise schloß Sabine wieder den Holzladen. Als sie unten am Kinderzimmer vorüberging, konnte sie nicht widerstehen. Leise, leise öffnete sie die Tür und schlich hinein, das Licht sorglich mit der Hand schützend, daß es die schlafenden Kinder nicht blende. Auf Zehenspitzen trat sie an jedes Bettchen. In tiefem Schlaf zitterten die kleinen Lippen. Ein Lächeln lag auf den blühenden, rosigen Gesichtern. Sie träumten von Weihnachten.

Leise küßte Sabine die Kinder auf die Stirn, dann ging sie nach oben.

Als sie auf der Treppe war, hörte sie ein heftiges Geräusch im Saal, so als fiele etwas Hartes schwer zu Boden.

Sie ging schnell zurück, um nachzusehen, was das gewesen sei. Suchend ging sie im Zimmer hin und her.

Als sie auf dem Boden nichts fand, sah sie nach oben, wo die Ahnenbilder in Reih und Glied an der Wand hingen.

Da schüttelte sie erstaunt den Kopf, denn es fehlte eins. Ganz links hinten in der Ecke, wo die traurige Urahne aus dem 15. Jahrhundert hing, war ein Platz leer.

Da fand sie das Bild am Boden liegen, der Rahmen war zerbrochen. Sabine Wart hob es vorsichtig auf. Es mußte sich wohl der Nagel gelockert haben. Sie legte es behutsam auf das Klavier. Und wieder erschrak sie vor dem wehen Ausdruck im Gesicht der Frau.

Als sie dann oben in ihrem Zimmer war, kam es ihr plötzlich in den Sinn, wie man wohl heute in Rußland Weihnachten feierte. Sie mußte an den furchtbaren Übergang über die Beresina und an das namenlose Elend da draußen denken. Und plötzlich war es ihr, als höre sie Rustands Stimme, eine müde, erstickte Stimme, die um Hilfe schreit. Sie konnte nicht darüber hinwegkommen. Immerzu mußte sie an ihn denken, ob sie wollte oder nicht. Ob er noch lebte? Oder ob er auch schon sein Grab da draußen im Schnee gefunden hatte?

Als sie endlich einschlief, träumte sie von dunkelroten Rosen, die wie Blut im Schnee leuchteten, und von einem Kranz von blauen Blumen.

*

Eisiger Frost ging klirrend durch das Land. Januarkälte spann ihren flimmernden Rauhreif von Baum zu Baum. Sabine Wart war mit den vier Kindern im Schlitten ins Städtchen gefahren, um Magister Fidelius Äpfel und Pfefferkuchen zu bringen. Nun waren sie wieder auf dem Heimweg. Mit roten Näschen, in dicke Pelze gewickelt, saßen die Kleinen im großen Fußsack im Schlittenkasten. Sabine hielt die Zügel. Golden schien die Sonne vom blauen Himmel, die ganze Natur war wie mit Puderzucker überstreut.

Da scheuten die Pferde. Aus dem Straßengraben hob sich ein zerlumpter Bettler und streckte die zitternde Hand aus. Sabine zügelte die Pferde und brachte sie zum Stehen. Dann suchte sie nach ihrer Börse, um dem Armen ein Geldstück zu geben. Da tauchten aus dem Graben noch mehrere Gestalten auf, zerlumpt, verwahrlost, stumpfsinnig. Halb in Uniformstücke, halb in Lumpen gewickelt. Der eine trug eine Bärenmütze, der andere einen Strohhut, der dritte ein Tuch um den Kopf. Ihre hageren Glieder zitterten vor Kälte, ihre Augen lagen tief in den Höhlen.

Entsetzt drängten sich die Kinder im Schlitten aneinander.

„Tante Sabine, was ist das?"

Sabines Herz krampfte sich bei dem Anblick zusammen.

„O Gott, wo kommt ihr her? Wer hat euch so zugerichtet?"

Der Vorderste hob seine Hand, und zeigte nach Osten.

„Pitié, princesse, pitié! Wir sind übrig von das große Armee, geflohen de la Russie! O pitié."

Sabine zitterte am ganzen Körper. So hatte sie sich das nicht gedacht – so nicht. Auf französisch redete sie die Zerlumpten an, die ungläubig aufsahen, als sie ihre Heimatsprache hörten.

„Seht ihr die roten Dächer da hinten vor den Bäumen? Da fahre ich jetzt hin, denn da wohne ich. Ihr alle kommt denselben Weg nach. Ihr sollt zu essen haben und zu trinken. Habt ihr verstanden?"

O ja, sie hatten verstanden! Das Wörtchen Essen und Trinken verstanden sie jetzt wohl in allen Sprachen.

In scharfem Trab fuhr Sabine nach Alt-Reckow zurück.

Hinter ihr im Schlitten flüsterten die Kinder.

„Du, Heinz, was war das? Wer sind all die Bettler?"

„Die kommen aus Rußland, Eva. Das sind dem Kaiser Napoleon seine letzten Soldaten."

„Da wird sich aber der Urgroßvater freuen!"

„Ich glaub doch nicht. Die sehen ja alle so traurig aus."

„Und hast du gesehen, was sie anhatten? Der eine hatte einen Unterrock und Pantoffeln."

„Und einer nur einen Sack und ein Tuch. Du, dem wollen wir was schenken."

„Ja, aber was?"

„Meinen neuen Wintermantel und die warme Schlittendecke."

„Ich stricke ihm eine Kapuze und Handschuhe."

„Ich senk ihm mein Saukelpferd und ein Pfefferkuchen."

Der Schlitten hielt vorm Herrenhaus. Anton hob die Kinder heraus, mit raschen Schritten ging Sabine ihnen nach. Aber sie ging nicht ins Kinderzimmer, sondern nach unten in die Küche.

„Mamsell, bitte, setzen Sie sofort einen Extrakessel Suppe auf. Und dann muß die Waschküche ausgeräumt und geheizt werden."

Mamsell machte große Augen und wußte nicht, was sie sagen sollte. Sabine ging zum Vater und redete lange mit ihm.

Und dann kamen die französischen Soldaten auf

den Hof von Alt-Reckow, scheu, ängstlich, mit todmüdem Blick und schleppenden Gliedern, auf Krücken und alte Degenklingen gestützt.

In der großen, gepflasterten Waschküche, wo es jetzt schön warm war, hatte Sabine Stroh aufschütten lassen. Da hockten sie nun alle und konnten es nicht glauben, daß es ihnen so gut ging. Sabine aber ging zu jedem einzelnen und brachte ihm einen Teller warmer Suppe. Noch nie in ihrem Leben hatte sie solchen Hunger und solche Gier gesehen wie in diesen stumpfen, glanzlosen Augen. Mamsell stand mit gefalteten Händen daneben und weinte.

„Ne, Demoiselle, wer hätte so was jedacht? Und die haben mir noch vor wenigen Monaten den juten Kalbsbraten an den Kopf jeworfen, weil er ihnen nicht zart jenug war. Der alte Herr Major würde sagen: Det is Jottes Strafjericht! Und er tut recht haben. Wat meinen Sie, Demoiselle, wat aus unserm juten Jeneral jeworden is? Ach Jotte doch! Wenn's dem auch so jehen tät!"

Sabine sagte kein Wort. Rastlos machte sie sich in der Küche zu schaffen und bei den armen Soldaten. Dann ging sie auf den Boden und suchte in Kisten und Truhen nach alten, abgelegten, warmen Sachen, Mänteln und Decken, was sie fand.

Tante Neldchen schüttelte den Kopf.

„Solch ein Unsinn, Kind, die sind ja gar nicht mehr imstande, dir dafür zu danken."

„Ich tu's doch auch nicht für Dank, Tante."

Wenn so ein Trupp heimkehrender Franzosen notdürftig eingekleidet und gesättigt war, schickte sie ihn mit Fleisch und Brot im Rucksack und einem Zehrpfennig für die Reise heim nach Frankreich, zu Frau und Kind. Fast täglich kamen neue Scharen durchgezogen, jammervoll elend, zu Tode erschöpft. Hundertmal wurde in diesen Wochen des Himmels Segen auf Sabine herabgefleht – von Menschen, die schon fast verlernt hatten, an Barmherzigkeit und Menschlichkeit zu glauben.

Jeden einzelnen fragte Sabine nach dem General Rustand.

Viele wußten von ihm, manche hatten ihn sogar persönlich gekannt. Aber keiner wußte, wo er geblieben war – ob er mit seinem Kaiser nach Frankreich zurück geeilt, oder ob er längst unter Rußlands Schneedecke mit den andern begraben war. – Immer schmaler wurde Sabines Gesicht – immer tiefer und größer ihre Augen.

Die Familie sorgte sich um sie.

„Du überarbeitest dich mit diesem Lumpenpack, du solltest nun einmal an dich selber denken!"

Tante Neldchen ärgerte sich schon lange über diese „Franzosenwirtschaft".

„Was geht uns denn dieses Gesindel an? Mag doch ihr Kaiser selbst für sie sorgen. Wir haben doch wahrhaftig keinen Grund dazu."

Sabine kam gerade die Treppe herunter, auf jedem Arm einen Stoß Wäsche.

„Tantchen, stelle dich doch nicht so hart, du bist es ja in Wirklichkeit gar nicht. Könntest du denn das Elend so an dir vorübergehen lassen und selber satt zu essen haben, ohne Hand und Herz aufzutun? Tante, was die durchgemacht haben, wird nie eine Zunge beschreiben können. Sie sind schon genug gestraft. Unsere Aufgabe ist es jetzt, zu helfen."

Damit ging sie nach unten.

*

An einem Vormittag, gegen Ende Februar, hörte Sabine von zwei verwundeten Grenadieren, die sie in der Waschküche verband und wie alle nach Rustand befragte, daß sie vor kurzem noch mit dem General zusammen gewesen seien. Sie könnten es allerdings nicht genau sagen, aber so ähnlich hätte er geheißen. Jäger hätten ihn noch mit sich geschleppt, er hätte nicht mehr gehen können.

Wo das gewesen wäre, fragte sie.

Drei Meilen östlich, jetzt müßte er im Städtchen irgendwo untergekommen sein, da wollten die Jäger hin.

Ein anderer Soldat aber, der daneben seine Suppe löffelte, schüttelte den Kopf.

„Das wird eine Verwechslung sein, Kamerad. General Rustand habe ich gut gekannt, der fiel durch Kosakenlanzen an einem Gehöft dicht bei der Beresina.“

„Mag sein, es gibt wohl auch mehrere Rustands in der Armee. Vielleicht hieß er auch Rostand oder Roustand, das kann ich nicht mehr genau sagen.“

Beim Mittagessen war Sabine sehr blaß und sprach kaum ein Wort. Nach Tisch bestellte sie gleich den Schlitten, sie hätte in der Stadt zu tun, meinte sie kurz. Dann lenkte sie, in ihren Pelz gewickelt, die alten Rappen. Krischan saß hinten.

In den trockenen Ästen am Wegrand sang der Wind. Immer dasselbe – immer den einen – einen Namen: Rustand! In wilden Schlägen ging ihr Herz. Ihr armes, unwissendes Herz, das erst heute wissend geworden war.

Heute erst?

Sabine Wart biß sich auf die Lippen und griff nach der Peitsche. O Gott – ganz gewiß, sie hatte Hans Lenchow damals nicht belogen, als sie ihm sagte, daß sie keinen andern liebe.

Sie hatte sich ja damals selber noch nicht gekannt. Sie war an ihrem Herzen vorübergegangen, ohne zu merken, daß das Herz in Flammen stand.

Damals schon.

Aber mit trotzigem Lachen und zitternder Angst hatte sie versucht, diese Flammen zu erstikken, niederzutreten.

Und hatte gemeint, es wäre alles nur Einbildung, Torheit gewesen. Denn es war ja so unglaublich, so undenkbar! Heute wußte Sabine Wart, daß sie Rustand schon damals geliebt hatte, als er das erstemal in Alt-Reckow war. Und daß sie ihn immer geliebt hatte, die ganzen langen Jahre hindurch.

Daß sie sich ihrer Liebe aber nie ganz bewußt gewesen war. Denn was wir ausgeschlossen halten zu lieben, meinen wir auch nicht zu lieben. Aber wir können nicht an gegen unsere Seele – das ist ein Unding. Nur ein einziger Gedanke hatte noch Raum in ihr: Werde ich ihn finden? Oder ist es ein anderer, der denselben Namen trägt? Vielleicht ist er schon lange, lange tot in Rußland, und alles nur eine Verwechslung. Und wenn ich ihn finde, wie wird das sein? Zerschossen? Ein Krüppel? Wahnsinnig von all der Not und dem Elend?

Immer schneller trieb sie die Pferde an, immer hastiger – so daß der alte Krischan empört den Kopf schüttelte.

Einen solchen Unverstand kannte er ja sonst gar nicht bei der Demoiselle.

Endlich waren sie in der Stadt. Sie hielt vorm Gasthaus zum „Weißen Hammel".

Eilfertig sprang der Hausknecht mit der grünen Schürze heraus – wie damals vor Jahren.

Sabine biß die Zähne zusammen und warf Krischan die Zügel zu.

„Er kann hier ausspannen, Krischan. In einigen Stunden bin ich wieder hier.“

Dann fragte sie, wie beiläufig, den Hausknecht, ob kürzlich wieder Franzosen durch die Stadt gekommen wären. Der legte den Zeigefinger an die riesige, blaurote Nase und dachte nach.

„Vor drei Tagen, Demoiselle. Aber nur ganz wenige. Das hört jetzt, Gott sei Dank, allmählich auf.“

Ob noch welche in der Stadt untergebracht wären, fragte sie.

„Das weiß ich nicht, Demoiselle.“

Da sah Sabine Krischan an.

„Ich gehe jetzt zur Frau Bürgermeister, Tee trinken, und dann zu Magister Fidelius.“

Frau Bürgermeister war hoch erfreut über den seltenen Besuch. Natürlich sprach man von nichts anderem, als von den heimziehenden Jammergestalten in Dorf und Stadt.

„Vor drei Tagen kam ein schrecklicher Zug hier durch“, erzählte die Frau Bürgermeister, die im Eifer leicht ein wenig mit der Zunge anstieß. Auf einem Karren fuhren drei zerlumpte, hinkende Männer einen vierten. Ob er schon tot war, weiß ich nicht. Sie bettelten von Haus zu Haus. Mitleidige Bürger gaben ihnen hier und da ein Stück Brot. Sie baten auch um Unterkunft. Aber keiner wollte alle vier auf einmal nehmen. Einzeln hätte man sie schon eher unterbringen können, aber die drei wollten sich nicht von dem trennen, der in der Karre lag. Der brauchte sie, sagten sie. Mit einem blutigen Tuch war er zugedeckt."

Sabine sprang auf. Ihre Augen flammten. „Und so hat man diese vier wieder ins Elend hinausgejagt? Weil man den Sterbenden nicht unter seinen Freunden sterben lassen wollte? Wo sind sie hingezogen?"

Frau Bürgermeister zuckte bedauernd die mageren Schultern. „Ich habe ihnen nicht nachgesehen, Demoiselle. Aber sie werden wohl die große Heerstraße nach Berlin weitergezogen sein."

Sabine goß hastig ihren Tee hinunter.

„Ich habe noch manches zu besorgen, Frau Bürgermeister. Ein andermal auf länger."

Da war sie schon auf der Straße.

Was sollte sie machen? Wo sollte sie suchen?

Wer konnte ihr denn sagen, daß unter diesen vieren –

Vielleicht gar der in der Karre? Vielleicht schon tot? Und nachher ein ganz, ganz Fremder?

Aber sie ließ sich nicht beirren. Setzt man nicht alles ein, wenn es ums Höchste geht?

Sollte sie den Schlitten wieder anspannen lassen und den Weg Richtung Berlin fahren?

Aber was sollte sie Krischan sagen? Was würde der denken?

Allein wollte sie suchen – ganz allein.

Hastig ging sie quer durch das Städtchen hindurch – wie auf verbotenen Wegen. Und dann die holprige, ungepflasterte Straße entlang, Richtung Berlin.

Die Häuser hörten jetzt auf, kalt pfiff der Wind über die freie Schneefläche.

Sabine Wart fror nicht. Aber nicht, weil sie die Pelzjacke anhatte und so rasch lief – darum nicht.

In ihrer Seele brannte etwas – lodernd – zehrend. Das war die Angst, die große, wilde Angst um ein Menschenleben. Ein Menschenleben, ein einziges, an dem ihr mehr lag als alles in der Welt.

Sie entfernte sich immer weiter von der Stadt. Es wurde immer dunkler. Schneewolken jagten über den Himmel – es fing leise an zu schneien. Zuerst ganz wenig nur, dann stärker und immer stärker. Es war so zwecklos, so wahnsinnig, in das Dunkel, in den Schnee hinauszulaufen.

Aber sie konnte nicht anders, sie mußte es einfach.

Es war so, als triebe sie, aller menschlichen Vernunft zum Trotz, ein Etwas, eine große eiserne Hand vorwärts in das Dunkel.

Oft stolperte sie und fiel über Steine und Wurzeln, oft konnte sie den Weg im Schnee nicht mehr erkennen.

Aber sie lief weiter – weiter.

Da gabelte sich der Weg. Sie stand einen Augenblick ratlos. – Und wie sie da so stand, steil, aufrecht, in Sturm und Schneewetter, die dunklen

Haare wild um die Stirn gerissen, die Augen wie trotzige Flammen starr in das Dunkel vor ihr gerichtet – stieß sie einen jähen Schrei aus. Irgendwo war ein Licht aufgeblitzt – sekundenlang nur – aber es war doch ein Licht gewesen.

Das sollte ihr Wegweiser sein. Sie kämpfte sich quer durch den Schnee darauf zu. Manchmal verschwand es im Gestöber, dann tauchte es wieder auf.

Und jetzt – jetzt war es ganz nahe.

Sie war längst nicht mehr auf dem gebahnten Weg, sie merkte trotz des hohen Schnees, daß sie über ein Feld ging.

Und da war auch das Licht wieder.

Mitten im Feld stand ein alter Schuppen, ursprünglich wohl für Heu bestimmt.

Durch die Holzfugen drang das Licht. Da ging sie tastend rings herum. Sie konnte die Tür nicht finden.

Aber ein großer Spalt war da, durch den sie deutlich sehen konnte.

Es war ein weiter, leerer Raum, wie eine Scheunendiele, das Dach war notdürftig durch Holzbalken gestützt.

In der Mitte auf dem Lehmboden brannte ein Feuer – schwach, verglimmend.

Um das Feuer saßen drei Männer, mit dem Rükken an die Holzwand gelehnt.

Schliefen die?

In ihre zerlumpten Soldatenmäntel gewickelt saßen sie da – regungslos.

Auf der andern Seite des Feuers stand ein Karren – roh – auf zwei Rädern. Der war durch einen Holzblock gestützt, damit er gerade stünde.

Auf diesem Karren lag der vierte Mann, mit einem Tuch zugedeckt.

Einen Augenblick setzte Sabines Herz zu schlagen aus – einen Augenblick nur. Dann hämmerte es um so wilder gegen ihre Brust – in heißen, wahnsinnigen Schlägen. Warum tat ihr armes Herz das? Warum nur? Was gingen sie diese vier fremden Männer an?

Wieder tastete sie nach der Tür und fand sie nicht.

Da pochte sie mit fast erfrorenen Fingern an die Holzwand – immer lauter – immer heftiger. Drinnen rührte sich nichts.

Da nahm sie einen Stein vom Boden und schlug damit gegen das Holzgebälk, daß es dröhnte.

Sie schliefen weiter.

Noch einmal ging sie um den Schuppen – zwei – dreimal. Irgendwo mußte doch ein Eingang sein. Da fand sie im Finstern die Tür und stieß sie mit aller ihrer Kraft auf. Nicht eine Sekunde lang davor bangend, was diese fremden Männer in der Einöde ihr, dem schutzlosen Mädchen, antun könnten.

Da stand sie auf der Diele mitten unter ihnen.

Sie ging zum ersten und wollte ihn wachrütteln.

Da sah sie ein wächsernes Gesicht und zwei gebrochene Augen.

Sie fuhr zurück und sah, daß auch der zweite und dritte tot waren.

Da taumelte sie und tastete sich zum Karren. Sie zog das blutdurchtränkte Tuch beiseite.

Und jetzt schrie sie auf und kniete in ihrer großen Not neben dem Karren nieder.

*

Krischan hatte den ganzen Abend gewartet, bis Sabine zurückkäme.

Erst hatte er mit dem Hausknecht Sechsundsechzig gespielt. Dann hatte er dem Hausknecht die Karten ins Gesicht geworfen und geschimpft, er betröge ihn, und war zu seinen Pferden gegangen.

Als es immer später wurde und die Demoiselle noch nicht zurück war, spannte er an und fuhr bei der Frau Bürgermeister vor. Da erhielt er die Auskunft, daß die Demoiselle schon seit vier Stunden fortgegangen sei. So fuhr er zu Magister Fidelius. Der sagte ihm, daß die Demoiselle heute überhaupt nicht bei ihm gewesen sei. Krischan schüttelte den Kopf und wußte nichts zu sagen. Dann wartete er geduldig noch eine Stunde vorm „Weißen Hammel". Als aber Sabine immer noch nicht zu sehen war, sagte er dem Hausknecht mit der grünen Schürze, daß, wenn die Demoiselle wirklich noch käme, sie bei Bürgermeisters übernachten solle. Er fahre jetzt nach Alt-Reckow zurück.

Dort sagte er Anton, der schon wartend vor der Haustür stand, daß die Demoiselle über Nacht bei Bürgermeisters bliebe.

Der Baron wunderte sich zwar ein wenig hierüber, aber er regte sich nicht weiter auf, denn es war schon manchmal vorgekommen, wenn das Wetter schlecht und die Wege unpassierbar waren, daß sie im Städtchen übernachtete. Er wußte ja, daß Sabine stets kurz entschlossen und selbständig handelte, so würde sie wohl auch hierfür einen triftigen Grund gehabt haben.

*

Es war früh am andern Morgen, die Sonne war noch nicht aufgegangen. Beim trüben Licht der Öllampe saß der Baron an seinem Schreibtisch. Er hatte heute nacht nicht gut schlafen können, er wußte selbst nicht, weshalb.

Nun saß er und schrieb, während die große Pendeluhr neben ihm unaufhörlich tickte und im alten Gebälk ein Holzwurm pochend sein Wesen trieb. Phantastisch geformte Eisblumen blühten an den Fensterscheiben, im Kamin prasselte ein lustiges

Feuer. Es war heute kalt und der Baron rieb sich fröstelnd die Hände. Im Flur und den übrigen Zimmern hantierten Anton und die Mädchen mit Besen und Schrubber. Mägde gingen mit ihren Eimern zum Melken in den Kuhstall. Es war neblig und grau, hier und da brannte noch eine Laterne in den Ställen. Der Baron wunderte sich, als plötzlich seine Tür aufgerissen wurde – ohne Anklopfen.

Er wandte erstaunt den Kopf, etwas unwillig über diese frühe Störung.

Dann sprang er auf – jäh – erschüttert.

Da stand Sabine, ohne Jacke, ohne Mütze, die dunklen Haare wirr um die Stirn hängend, Rock und Füße bis oben naß von Schnee.

Sie hielt sich am Türpfosten, als müßte sie umfallen. Er war neben ihr und stützte sie.

„Um Gottes willen, Sabine, wo kommst du her?"

Sie öffnete die Lippen, zwei, dreimal. Dann griff sie nach ihrer Brust.

„Frage – mich – jetzt – nicht – Vater. Später erzähle ich dir alles. Jetzt hilf mir nur. Ich habe ihn gefunden. Zwischen Toten – in einer Hütte. Zwei Männer bringen ihn. Man soll ein Zimmer richten und den Arzt holen. Ich muß wieder zurück, um den anderen den Weg zu zeigen."

Ehe er sie halten konnte, war sie wieder fort.

Der Baron fuhr sich über die Stirn, zwei, dreimal. Dann rief er Anton.

„Das große Fremdenzimmer unten rechts soll sofort instand gebracht werden, heizen, Bett überziehen, sofort."

Dann stülpte er die Mütze über und hastete in den Stall.

„Krischan, Du mußt anspannen und Doktor Kersten aus der Stadt holen. Sofort."

Dann suchte er die Spuren seines Kindes im Schnee und ging ihnen nach.

Er stand vor einem Rätsel. Aber er wußte, es ging um die Seele seines Kindes. So hatte er sie noch nie gesehen. Das war nicht mehr die Sabine von gestern oder vorgestern. Das war eine Frau, die um etwas kämpfte. Etwas Großes – vielleicht das Größte. Die Spuren führten auf den Weg zum Städtchen.

Er ging ihnen nach, so schnell er konnte. Da – hinter einer Wegbiegung – sah er Menschen. Zwei fremde Männer, die etwas trugen, das aussah wie eine Tragbahre. Darauf lag einer, zugedeckt mit Tüchern, über die Brust lag Sabines Pelzjacke gebreitet. Die Männer gingen vorsichtig, damit der Liegende nicht gestoßen oder geschüttelt würde. Daneben ging Sabine, den Kopf gesenkt, die Haare im Gesicht. Sie schien gar nicht zu merken, daß der Vater kam. Langsam ging der Baron jetzt neben den andern her. Er fragte nichts, sie sagten nichts. Es war, als ob hier jedes Wort zuviel sei.

Da sauste Krischan mit dem Schlitten an ihnen

vorüber, um den Doktor zu holen. Nahe am Hof ging der Baron rasch voraus, um nachzusehen, ob alles vorbereitet sei. Behutsam trugen die Männer die Bahre ins Haus, hinein in das große, warme Zimmer, wo das frischbezogene Bett stand und das Kaminfeuer brannte.

Sie stellten die Bahre auf die Erde nieder – schweigend.

Sabine kniete neben der Bahre.

Ein qualvolles Stöhnen kam unter den Tüchern hervor.

Da bettete sie seinen Kopf auf ihren Schoß und blieb so – regungslos – bis der Arzt kam.

*

Im Haus flüsterte man, die Demoiselle habe wieder einen elenden, französischen Flüchtling auf der Landstraße aufgesammelt, damit er hier in Ruhe sterben könne. Es müßte wohl ein Offizier sein, da man ihn nicht in die Waschküche, sondern nach oben gebracht habe. Nur Anton durfte ihn bedienen.

Stundenlang war der Arzt dagewesen. Dann taumelte Anton verstört zu Mamsell in die Küche. Er setzte sich an den Küchentisch, stützte den alten Kopf schwer in beide Hände und fing an, bitterlich zu weinen.

„Mamsell, weiß Sie, wer das is da oben? Unser guter General is das. Unser General Rustand. Und, Mamsell, daß Gott erbarm! Zusammengeschossen zu einem Klumpen Elend. Ein Bein fehlt ihm und eine Hand."

Anton konnte nicht weiterreden. Unaufhörlich rannen ihm die Tränen in den grauen Bart. Mamsell war einfach versteinert. Dann setzte sie sich zu ihm und weinte mit.

Man hatte mit Hilfe des Arztes den Verstümmelten entkleidet, gebadet, verbunden und ins Bett gebracht. Stärkenden Wein hatte man ihm eingeflößt, dann war er vor Schmerzen und Erschöpfung eingeschlafen.

Da erst war Sabine hinaufgegangen, um sich umzuziehen und ein wenig zu essen. Dann hatte sie lange bei ihrem Vater gesessen und ihm alles von der vergangenen Nacht erzählt.

Unendlich weich und zart ging der Baron mit Sabine um. Er kannte sein Kind ja am besten und wußte, wie sie jetzt litt. Er bat sie, sich ein wenig hinzulegen und auszuruhen.

Sie nickte müde.

„Ja, Vater, aber Anton oder du, einer muß bei dem Kranken bleiben. Und sobald die geringste Änderung eintritt, müßt ihr mich rufen."

Damit ging sie nach oben, schwankend – wie unter einer schweren Last.

Tante Neldchen war sehr ergriffen, als sie von

den Vorgängen der Nacht hörte, wovon ihr aber vieles verschwiegen wurde.

Nur war sie dagegen, daß Sabine selber den Franzosen pflegte. Sie sprach mit Ferdinande darüber und meinte, das sei doch nicht schicklich. Ferdinande sah sehr ernst aus. Sie hatte mit ihrem Instinkt vieles aus den Worten des Vaters erraten.

„Laß sie nur, Tante Neldchen. Der Arzt hat ja gesagt, daß Rustand nur noch wenige Tage zu Leben hätte. Da muß man ihm Liebes tun, soviel man kann. Er ist ja auch meistens ohne Besinnung. Es wird nicht mehr lange dauern. Sabine ist alt genug und tut doch, was sie will. Und wo ist eine weiche Frauenhand wohl nötiger als am Krankenbett? Im Krieg und in der Not fragt man nach so etwas nicht, Tante Neldchen. Die heilige Not meistert alles Kleinliche.“

Da kam Tante Neldchen nicht mehr auf das Thema zurück.

*

Sabine mußte immer an das tiefbraun gebrannte Gesicht mit den blitzenden Augen denken, das damals im Juni so stolz und siegesgewiß auf sie herabgesehen hatte, dort – an der Tür vom Saal, als sie Abschied voneinander nahmen. War das wirklich dasselbe wie dies hier in den Kissen?

Dies wachsgelbe, eingefallene Gesicht, mit den scharf hervorspringenden Kinn- und Nasenknochen und den tiefumrandeten, abwesenden Augen?

Er wußte nicht, wo er war. Wenn er nicht in tiefer Betäubung, in todesähnlichem Schlaf lag, redete er irr, – abgebrochen – von Rußland – von seinem Kaiser. So ging es Tag für Tag, Woche für Woche. Doktor Kersten kam täglich aus dem Städtchen herüber, er hatte ihn eigentlich schon lange aufgegeben.

Auch eben war er wieder dagewesen. Es war schon Anfang März. Nachdem er bei Rustand gewesen war, saß der Doktor noch ein Weilchen beim Baron in dessen Zimmer, ein Glas Rotwein vor sich, in das er nachdenklich durch seine runden Brillengläser starrte.

„Zu erstaunlich, Herr Baron, zu erstaunlich. Er muß eine kolossal kräftige Natur haben, dieser General. Vielleicht, daß wir ihn doch noch durchbekommen, wer kann's wissen?"

Der Baron seufzte schwer.

„Es ist ihm eigentlich kaum zu wünschen, so ohne Hand und ohne Bein – ein elendes Krüppeldasein, besonders für einen, der Soldat war."

„Es wird jetzt viele solcher Schicksale in Frankreich geben. C'est la guerre."

Der Doktor stand auf und empfahl sich.

Sabine saß am Fenster im Krankenzimmer. Sie

war über eine Handarbeit gebeugt, die spärlichen Strahlen der Märzsonne ausnützend. Im Bett schlief der Kranke, oder vielmehr, er dämmerte so dahin, im steten Traum- und Fieberzustand. Seine hagere, abgezehrte Linke lag auf der Decke, der Stumpf des rechten Armes steckte im Verband.

Draußen tropfte der schmelzende Schnee vom Dach, Spatzen zwitscherten und pluderten ihre Federn in der Sonne. Ein großes, gewaltiges Frühlingsahnen ging durch die Luft und über die Erde.

In ganz Preußen rüstete man sich zum großen Freiheitskampf, denn jetzt hatte der König gerufen!

Am 17. März erließ Friedrich Wilhelm den Aufruf: „An mein Volk!"

Was da draußen wogte und brandete und die Gemüter mit Begeisterung erfüllte, drang nicht in die tiefe Stille dieser Krankenstube hinein.

Aber der Baron und der Großvater, Tante Neldchen und Ferdinande rissen sich förmlich die neuesten Zeitungen aus der Hand und freuten sich über Preußens endliche Erhebung. Nur ein bitterer Tropfen Wermut war in dieser neuen, großen Freude: Daß Jürgen das nicht mehr miterleben konnte!

Alle dachten es, aber niemand sprach es aus, um dem andern nicht wehzutun.

Leise erhob sich Sabine von ihrem Fensterplatz. Sie sah nach der Uhr. Rustand mußte wieder von dem kräftigen Wein trinken. Behutsam hob sie seinen Kopf in die Höhe und führte den Löffel an seine Lippen.

Er trank mit dem müden, leeren Blick wie immer.

Dann sagte er plötzlich, unvermittelt: „Siehst du, Jürgen, nun bin ich's, der zurückkam. Aber nun ist Sabine Wart tot."

Sabine ließ ihn leise in die Kissen zurückgleiten.

Daß er noch immer phantasierte! Noch immer!

Sie beugte sich über ihn und strich weich mit der Hand über das Haar. In ihren Augen standen Tränen. Tränen um dies herrliche stolze Menschenleben, das so enden sollte.

Da hob er die schweren Augenlider und sah sie an.

Und jetzt war es, als liefe etwas, wie ein flüchtiges Erkennen, über sein wächsernes Gesicht.

Er tastete nach ihrer Hand.

„Sabine!"

Sie ließ ihm ihre Hand und sah ihm in die Augen. Hatte er sie wirklich erkannt?

Dann plötzlich ging es wie ein helles Erschrekken über sein Gesicht.

„Wo bin ich? Wo ist mein Kaiser?"

Sie setzte sich an sein Bett und legte beruhigend ihre beiden Hände über seine Linke.

„Ihr Kaiser lebt. Und Sie sind auch gerettet."

Mit jähem Ruck versuchte er sich aufzurichten,

aber mit einem Wehlaut fiel er wieder in die Kissen zurück.

„Und ich, warum pflegt man mich hier? Warum hat man mich nicht sterben lassen? Damals auf der Landstraße, wie einen Hund? Es wäre besser gewesen, denn – ich bin ein zerschossener Krüppel."

Er stöhnte und tastete mit der Linken nach dem verbundenen Stumpf des rechten Armes. Und dann über die Decke, unter deren glatter Fläche sich deutlich nur das eine Bein markierte.

Dann sah er wieder auf Sabine.

„Und, Baronesse, wie kommen Sie hierher?"

Jetzt mußte sie lächeln – mit großen Tränen in den Augen.

„Aber, General, hier gehöre ich doch hin, wir sind ja in Alt-Reckow."

„O!" – ein freudiges Erstaunen ging über sein Gesicht.

„Das wußte ich ja gar nicht. Ich war wohl sehr krank?"

Sie nickte.

„Sechs Wochen lang im Wundfieber. Niemand hat an Ihre Genesung geglaubt. Nur ich."

„Nur Sie?"

„Ja, sonst hätte Gott mich Sie nicht so finden lassen."

„Sie haben mich gefunden, Baronesse?"

„Ja, General. Aber davon ein andermal. Jetzt müssen Sie schlafen."

Sie wollte gehen, aber er griff mit der gesunden Linken nach ihrer Hand.

„Baronesse – warum tun Sie das alles an mir? Warum? Warum? Konnte ich nicht ebenso sterben wie die vielen tausend andern?“

Sie schüttelte sehr ernst den Kopf.

„Nein, General. Gott hat es nicht gewollt. Und warum ich Sie pflege? Ich habe alle französischen Flüchtlinge gepflegt, die ebenso elend hier durchkamen.“

Damit ging sie leise aus der Tür, und Anton löste sie im Wachen ab.

Bei Tisch erzählte Sabine den andern, daß Rustand sie erkannt und mit ihr gesprochen habe. Ihre Augen leuchteten, in ihre Wangen war ein feines Rot zurückgekehrt.

Alle waren glücklich darüber. Nur der Großvater durfte es nicht wissen, daß noch ein Franzose im Haus war, es hätte ihn sonst zu sehr aufgeregt.

Bald durfte Anton den General in Vaters großen, weichen Lehnstuhl betten und ans Fenster schieben. Dann saß der Baron oft stundenlang bei ihm, und erzählte ihm von den Neuigkeiten vom Kriegsschauplatz oder von seiner wunderbaren Rettung durch Sabine.

Das hörte der General am liebsten, immer wieder fragte er nach jeder Einzelheit. Dann erzählte er dem Baron von Rußland.

Der General hatte lange mit sich gekämpft, ob

er den Alt-Reckowern von seiner Begegnung mit Jürgen erzählen solle. Aber da von Jürgen nie ein Lebenszeichen kam, er auch aller Berechnung nach jetzt schon längst wieder hätte daheim sein müssen, so war es dem General klar, daß Jürgen nicht mehr lebte. Da wollte er den Seinen nicht zum zweiten Mal das Herz schwer machen oder unnötige Hoffnungen in ihnen erwecken und so schwieg er.

Er bekam auch von den andern Hausbewohnern häufig Besuche, die ihn stets erfreuten und erheiterten. So kam nach Tisch meist Tante Neldchen mit ihrem Strickstrumpf, während Sabine zum Großvater ging, um mit ihm eine Partie Schach zu spielen.

Tante Neldchen konnte sich gar nicht genug von Rußland erzählen lassen. Das war so hübsch gruselig hier im behaglichen Zimmer. Besonders interessierte sie jener Kosakenüberfall, bei dem Rustand so schwer verwundet worden war und wahrscheinlich erfroren wäre, wenn nicht später nachkommende Franzosen ihn ärztlich versorgt und mitgeschleppt hätten.

Das größte Fest aber war es für den General, als sich eines Tages die Tür auftat und Ferdinande mit ihren vier Kindern leise hereinkam. Sehr scheu, auf Zehenspitzen trippelten die Kleinen, denn ihnen war eingeschärft worden, sehr, sehr leise und artig zu sein. Aus großen Augen sahen sie den General an, dann kam eins nach dem andern herbei und gab ihm etwas ängstlich das Händchen.

„Ihr braucht euch nicht fürchten vor mir, Kinder, wenn ich auch noch ein bißchen wächsern im Gesicht und hohl um die Augen aussehe."

Als Ferdinande sich nach seinem Befinden erkundigte und von diesem und jenem erzählte, umkreisten ihn die Kinder sehr ernst und stießen sich dabei heimlich in die Seite.

„Du, guck bloß, der hat wirklich nur noch eine Hand."

„Wo wohl die andere is?"

„Na, im Krieg geblieben."

„Wer die wohl gefunden hat?"

Ferdinande rief ihre Schar zusammen.

Rustand sah ihr dankbar ins Gesicht.

„O, gnädige Frau, das stört mich gar nicht, im Gegenteil. Es bringt einen armen Krüppel auf andere, frohe Gedanken und läßt ihn seine fehlenden Gliedmaßen vergessen. Bitte, schicken Sie die Kinder recht oft zu mir herein."

Als ihn Ferdinande mit ihren Vieren verlassen hatte, und Sabine zu ihm kam, sagte er weich und versonnen: „Wie kommen Sie nur alle hier in Alt-Reckow dazu, so lieb und freundlich zu mir zu sein? Wir Franzosen haben das doch eigentlich nicht um Preußen verdient."

Sie öffnete das Fenster, um die milde Märzluft hereinzulassen.

„Germanische Gastfreundschaft, General. Übrigens bin ich überzeugt, daß man in Frankreich an kranken Preußen ebenso handeln würde. Zieht es Ihnen auch nicht?“

Er schüttelte den Kopf.

Er hatte sich ein wenig müde in die Polster zurückgelehnt. Dabei sah er Sabine zu, die im Zimmer hin und her ging und seine Sachen ordnete.

Über die Saaten aber stiegen die ersten Lerchen und jubelten.

*

Über den See her kam der warme Frühlingabendwind. Die Fenster in Rustands Zimmer standen weit offen. Er war allein. Zurückgelehnt saß er im Lehnstuhl und trank die Schönheit dieses Märzabends.

Von Tag zu Tag fühlte er sich kräftiger werden, auch seine Gesichtsfarbe war jetzt besser und der Blick seiner Augen fester und glänzender. Ja, oft wenn die Trachschen Kinder bei ihm spielten, konnte er so hell und lustig auflachen, wie in alten, gesunden Tagen.

Jetzt waren Trachs wieder nach Polten zurückgefahren, da war es still und einsam in dem alten Haus geworden.

Über die Haselsträucher und Erlen am See zog

sich das erste, lichte Grün. Fleißige Vögel schwirrten am offenen Fenster vorüber, und suchten Halme für das neue Nest.

Da ging die Tür auf. Sabine kam herein. Lächelnd hielt sie ihm einen großen Strauß blauer Leberblümchen entgegen.

„Die ersten dies Jahr! Die sollen Sie haben, General!“

Sie stellte sie in ein Schälchen mit Wasser und brachte sie ihm.

Er fuhr weich mit der Linken darüber hin.

„Blaue Blumen“, sagte er leise.

„Lieder von blauen Blumen.“

Dann stellte sie die Schale neben ihn auf das kleine Tischchen.

Er beugte sein Gesicht zu den Blüten hin.

„O, wie das nach Frühling riecht und nach Waldluft und Märzenwind! Baronesse, wissen Sie, daß mich all dies Blühen und Wachsen ringsum elend und traurig macht?“

Sie setzte sich auf das niedrige Fensterbrett und legte die Hände um die Knie. Dabei sah sie hinaus in die untergehende Sonne, die wie Gold und Purpur hinter den dunklen Bäumen am See stand.

Wie in Gold und Purpur getaucht war auch Sabine Wart – ihr dunkles Haar, ihr weißes Kleid und ihre schönen, bloßen Arme.

Sie sah immer noch wie träumend hinaus, dann sagte sie leise: „So dürfen Sie nicht sprechen, General, denn es hätte schlimmer sein können. Ihr Leben hing an einem seidenen Faden."

„Und der seidene Faden lag in Ihrer Hand."

„Nein, General. Der lag in Gottes Hand."

„O, Baronesse, es wäre vielleicht besser gewesen, ich wäre gestorben. Sehen Sie, nun rüstet sich alles zum Leben. Zum großen, heißen, jauchzenden Leben. Von früh bis spät zwitschern die Vögel ihr Lied und tragen Halme, um ihr Nest zu bauen. Was soll unter all dem lachenden Leben ein Mensch, der nie an ein eigenes Nest, an eine treue, liebe Frau denken darf? Sie können das noch nicht so verstehen, Baronesse. Gott sei Dank nicht. Sie sind noch jung und haben das Leben vor sich. Aber glauben Sie mir, es ist bitter für einen, der erst am Anfang der Vierziger steht, schon ganz zusammengeschossen zu sein!"

Jetzt wandte sie langsam ihren Kopf. Aus ihren großen, dunklen Augen sah sie ihn ernst an.

„Zusammengeschossen, ja. Aber war es nicht für Ihren Kaiser?"

Ein Zucken ging über sein Gesicht. Wie Wetterleuchten.

„Ich danke Ihnen, Baronesse. Ja, ich will nicht mehr klagen, es war für meinen Kaiser. Es ist der Frühlingsabend, das Weiche, Geheimnisvolle in der Luft, das mich schwach machte. Verzeihen Sie, Baronesse."

Es war still zwischen ihnen. Sie sahen beide in

die Sonne. Die war jetzt tiefer und tiefer gesunken, nur wie ein dunkelroter Halbmond stand sie noch über dem Waldberg jenseits des Wassers.

Rustands Linke fuhr über die blauen Blumen neben ihm.

„Warum lösten Sie eigentlich damals Ihre Verlobung mit Herrn Lenchow, Baronesse? Ist es aufdringlich, wenn ich Sie das frage?“

Sie schüttelte den Kopf.

„Nein, gar nicht. Es liegt ja so nahe, daß Sie danach fragen. Sie haben mich ja damals noch als Braut gesehen.“

„Ja, als Braut“ – sagte er träumend und sah auf sie, wie sie in ihrem weißen Kleid im roten Widerschein der untergehenden Sonne saß.

Jetzt war die Sonne gesunken. Nur noch feine, rosa Wölkchen zeugten leuchtend von dem gewesenen Licht.

So wie man den Widerschein aus Gottes Antlitz auch oft in tiefen Menschenaugen leuchten sieht, ohne daß man doch Gott selbst sehen könnte. Aber diese Augen geben Zeugnis, daß es einen Gott gibt.

Sabine sah noch immer hinaus, ein weher Zug lag um ihre Lippen.

„Sehen Sie, ich habe Hans Lenchow immer gern gehabt, von Kind an, wir haben zusammen gespielt und getollt, auch wie ich älter wurde, denn er war ja mein Vetter. Dann fiel Jürgen, und Vater hatte keinen Sohn mehr. Da hielt er um mich an. Ich sah, daß Vater es gern hätte, und auch sonst paßte alles so gut. Aber dann – dann merkte ich, daß es eine Lüge war."

Er sah sie aufmerksam an.

„Warum?"

Sie spielte mit dem rosa Band an ihrem Kleid.

„Warum? Ach, wenn ich das so in Worte fassen könnte! Ich merkte, daß ich ihm mein Bestes nicht geben konnte, weil ihm das Beste fehlte. Immer mußte ich an den Hirtenknaben mit seinen Schätzen denken und an die Worte, trotz all dieser Schätze: Vergiß das Beste nicht! Da hatte er die blaue Blume vergessen."

Rustands Hand zitterte.

„Ja – die blaue Blume –" sagte er langsam – träumend – „das ist die heiligste Blüte in unserer Seele, die sich wohl nur wenigen erschließt. Das ist der wunderbare Zauber, der uns des andern Seele öffnet – jener andern, die von Anbeginn der Welt für uns bestimmt ist."

Er legte die Hand über die Augen. Durch seine mageren, wächsernen Finger rann es heiß.

Sabine hatte noch nie einen Mann weinen sehen.

Sie wußte, daß, wenn ein Mann weint, seine Seele weint.

Sie glitt vom Fensterbrett und kniete neben ihm vor seinem Stuhl.

„O, General, bitte, bitte – Sie dürfen nicht so

traurig sein – o, bitte, nicht! Das kann ich nicht sehen.“

Mit ihrer weichen Hand fuhr sie ihm über seine hagere Linke, über seine Wange, sein Haar.

Ihre Lippen zitterten von verhaltenem Weinen.

„Sie dürfen nicht so trostlos in die Zukunft sehen, General. Darum habe ich Sie doch nicht aus all dem Schnee und dem Blut und den Leichen herausgeholt, daß Sie nun so traurig sind.“

Er nahm ihre beiden schmeichelnden Hände in seine große Linke.

„Sehen Sie, Baronesse, das ist eine Schwäche, die von der Krankheit geblieben ist. Weil es mich manchmal überkommt, wie einsam ich sein werde, wie kalt und einsam mein Lebensabend werden wird.“

„Aber wir haben Sie doch alle so lieb. Sie bleiben immer, immer bei uns in Alt-Reckow.“

Ein Lächeln ging über sein Gesicht.

Er preßte ihre beiden Hände fester.

„O, Sie gutes, liebes Kind! Da würde sich Ihr Vater schön bedanken. Ich denke nächsten Monat, sobald es mein Zustand erlaubt, nach Frankreich zurückzukehren.“

Sie sah ihn entsetzt an, sie konnte nichts sagen.

Aber dieses tiefe Entsetzen in ihren großen Augen sagte ihm mehr, als sie ahnte.

Er beugte sich über sie. So weit, daß seine Lippen fast ihr weiches, dunkles Haar berührten.

„Warum, Baronesse, sind Sie so erschrocken darüber? Tut es Ihnen denn ein wenig leid, wenn – wenn ich fortgehe?“

Jetzt fühlte sie seine Lippen auf ihrem Haupt.

Sie rührte sich nicht.

Dann sagte sie leise, tonlos. „Wenn Sie fortgehen, geht das Leben fort.“

Sie spürte, wie ein Zittern durch seinen Körper ging.

Dann zog er mit der Linken ihren Kopf an seine Brust und küßte ihre Stirn.

„Sabine!“

Sie schloß die Augen.

„Sabine! Weißt du denn, Mädchen, daß ich dich geliebt habe, vor vier Jahren schon, damals am See im Wald, als du die Glockenblumen pflücktest? Daß dein süßes Bild mit mir gewandert ist durch Rußlands Leichenwüsteneien? Daß ich dich liebe, wie ich noch nie eine Frau liebte? O, Sabine – du – du! –“

Sie rührte sich nicht. Nur die Augen schlug sie auf zu ihm – groß – selig – leuchtend.

„Raoul“, sagte sie leise. Ein Lächeln ging über ihr Gesicht.

Da küßte er sie auf den Mund – minutenlang.

Dann fuhr er jäh auf.

„O Gott, bin ich wahnsinnig? Ich, ein Krüppel – ein Feind deines Vaterlandes – ein zerschossener Mann –“

Sie legte ihm weich die Hand auf den Mund.

„Und wenn du blind wärst, Raoul, und taub und stumm, und hättest beide Beine verloren und beide Arme – ich liebte dich doch. Da ist nun nichts mehr zu machen. Was kümmert mich alles, alles andere, seit ich weiß, daß du mich liebhast? Nun gehe ich mit dir bis ans Ende der Welt."

Da sah er sie an und konnte es nicht fassen.

„Ja, Kind, aber wird dein Vater dich mit dem zerschossenen Feind nach Frankreich gehen lassen, als seine Frau? Als die Frau eines Krüppels?"

In ihren Augen war die Sonne aufgegangen, die eben drüben hinterm See erloschen war.

„Raoul, es kommt in jedem Menschenleben einmal der Augenblick, wo er weder auf Vater noch auf Mutter hören darf, sondern allein auf die Stimme seiner Seele. Seit heute bin ich dein und gehe mit dir, wohin du gehst. Denn dein ist meine Liebe."

Er zog sie an sein Herz – in tiefem, wortlosem Glück.

„So soll ich doch nicht einsam heimziehen nach Frankreich? So soll ich mir doch noch ein Nest bauen dürfen für meine Frau, obgleich ich ein Krüppel bin?"

Sie schmiegte sich an ihn.

Durch den Garten aber schritt traumverloren die Dämmerung.

*

Am Vormittag des nächsten Tages trat der Baron mit starken, frohen Schritten zu seinem alten Vater ins Zimmer, die Zeitung in der Hand.

Der alte Major saß noch beim ersten Frühstück am weit offenen Fenster im Lehnstuhl. Draußen lachte ein goldener Frühlingstag, Lerchen und Amseln jubelten um die Wette.

Als der Frünfundachtzigjährige seinen Sohn so rasch ins Zimmer treten sah, ging ein Leuchten über sein Gesicht.

„Bringst du Nachrichten vom Kriegsschauplatz?“

Der Baron nickte und lehnte sich an das Fensterkreuz.

„Ja, Vater, höre nur. Nachrichten, die wie Frühlingssturm über die Lande gehen. York ist am 17. in Berlin eingezogen. Tettenborn am 18. in Hamburg. Blücher hat mit der preußischen Hauptarmee Breslau verlassen und rückt nach Dresden vor, wo Davoust abgezogen ist!“

Der greise Major saß weit vornüber gebeugt – lauschend da. Seine Augen waren wie Feuerflammen. Seine Seele hörte auf das Lied der Freiheit, das so lange geschlafen hatte, auf das er gelauscht und gewartet hatte, die ganzen, letzten Jahre hindurch.

Er sank im Lehnstuhl zurück und faltete die welken, zitternden Hände.

„Nun kann ich ruhig sterben. Nun brauche ich

mich nicht zu schämen vor meinem König da oben, wenn ich ihm Rapport erstatten muß von seinem Preußen hier."

Der Baron faltete die Zeitung zusammen und ging nachdenklich im Zimmer auf und ab.

„Es ist nur eins noch, was mich wurmt, Vater. Daß Jürgen damals zu früh fiel – so nutzlos, zwecklos – für nichts."

Der Alte seufzte tief.

„Es ist nichts zwecklos. Aber es ist wahr. Wenn er das hätte erleben dürfen!"

Dem Alten brach die Stimme, er legte die Hand über die Augen.

Der Baron trat an das offene Fenster und wiederholte des Vaters Worte:

„Jürgen!" sagte er leise, „mein Junge! Wenn du das noch hättest erleben dürfen."

Da hob der Alte plötzlich den Kopf.

„Du, ist das wahr, daß ihr hier noch kranke Franzosen pflegt? Ferdinandes Kinder tuschelten neulich davon. Ich wollte schon immer danach fragen."

Der Baron zögerte mit der Antwort. Er wußte, daß sein Vater das nicht gerne sah. Sein Franzosenhaß ging so weit, daß er jegliches Mitleid erstickte.

Dann sagte er langsam: „Ja, Vater, aber es ist nur noch einer da. Der war so zerschossen, daß es unsere Christenpflicht war, ihn aufzunehmen."

Der alte Major stieß mit dem Krückstock auf die Erde.

„In ganz Preußen säubert man das Land von dem Gesindel, und du beherbergst es noch unter deinem Dach?"

„Reg dich nicht auf, Vater, mir zu Liebe. Sieh mal, nun ist er bald so weit genesen, daß er wieder nach Frankreich zurück kann."

„Wo hast du ihn untergebracht?"

„Unten rechts neben dem Saal."

Der Alte lachte bitter und hämisch.

„Besseres konntet ihr wohl auch nicht finden für ihn, was? Ein höherer Offizier?"

„Divisionsgeneral. Er lag hier schon einmal im Quartier und schützte uns damals gegen die frechen Zudringlichkeiten der Soldaten. Während er hier war, ist nie irgendeine Unannehmlichkeit vorgekommen."

Der Alte sagte nichts.

Als sein Sohn das Zimmer verlassen hatte, erhob er sich mühsam und wankte, auf seinen Krückstock gestützt, auf den Flur. Mühsam tastete er sich bis an die Tür von Rustands Zimmer. Dann klopfte er an. Denn er war zeitlebens ein Mann von Formen gewesen. Sabine, die dem General aus einem Buch vorgelesen hatte, ging leise hin, um zu öffnen.

Erstaunt prallte sie zurück. Wie kam der Großvater hierher? Er verließ doch sonst nie mehr sein

Zimmer! Der alte Baron sah sie ebenfalls groß an.

„Sabine – du? Ich denke, hier wohnt der Franzose?“

Sie trat ängstlich ein wenig zurück.

„Ja, Großvater, aber ihm geht es nun schon viel besser, so daß er im Lehnstuhl am Fenster sitzen kann. Da habe ich ihm vorgelesen.“

Der Alte würdigte sie keines Blickes.

Er ging an ihr vorüber, auf den Krückstock gestützt, bis hart an den Stuhl Rustands.

Hier blieb er stehen und musterte den kranken Mann vom Kopf bis zu den Füßen.

Dann brach er in ein Gelächter aus.

„Bravo! Das kann Ihnen wohl so gefallen hier, Herr Franzmann, sich von einer deutschen Demoiselle pflegen und vorlesen zu lassen?“

Rustand öffnete die Lippen, um etwas zu sagen, aber der Alte ließ ihn nicht zu Wort kommen.

„Schweigen Sie. Ich will keine Erklärungen von Ihnen. Nur eins verlange ich umgehend, daß Sie sofort dies Haus verlassen, wo törichte Menschen Ihnen das Gastrecht so lange boten, bis Sie sich Rechte anmaßten, die –“

Jetzt stand Sabine neben ihrem Großvater. Ihre Augen flammten.

„Großvater, du weißt ja nicht, was du sprichst. Der General war ein schwer verwundeter Mann und ist noch immer krank. Noch kann er hier nicht fort, ehe seine Kräfte –“

Rustand hatte sich schwer auf die Armlehne seines Sessels gestützt. Sein Atem keuchte.

Er unterbrach sie jäh: „Herr Major, ich bin ein kranker Mann, ich kann Ihnen nicht so Rede und Antwort stehen, wie ich möchte. Aber ich gehe schon, – ich gehe. Ich bitte noch heute um einen Wagen, der mich zur Stadt fährt. Um der Gastfreundschaft willen, die ich hier genossen habe, darf ich in diesem Haus nicht Zwietracht säen, um alles in der Welt nicht. Das habe ich ja nicht gewußt, daß einer mir noch so feindlich gesinnt ist. Nein – das habe ich nicht gewußt."

Er sank erschöpft zurück, seine Lippen waren weiß geworden.

Der Großvater trat einen Schritt näher. In seinen Augen stand tödlicher Haß.

„Das hätten Sie nicht gewußt, Monsieur? Sie, der mein Preußen in den Staub getreten und auf seinem Elend lachend gekniet hat – jahrelang? Das hätten Sie nicht gewußt? Sie, der meinen Enkel auf dem Gewissen hat – das Blut von vielen tausend jungen deutschen Söhnen? O, wir sind nicht so vergeßlich, wir Preußen. Es steht schon in der Bibel: Auge um Auge, Zahn um Zahn! Wir machen es wett, was Anno sechs geschah. Jetzt – in diesem Jahre noch. Und vielleicht werden Sie es nun verstehen, wenn ich auch nicht eine einzige Nacht länger irgendeinen Franzosen unter diesem Dach dulde."

Sabines Hände waren geballt. Sie zitterte am ganzen Körper.

„Großvater – bist du denn noch ein Mensch?“

Aber ohne sie auch nur eines einzigen Blickes zu würdigen, ging der Alte am Krückstock wieder hinaus, – langsam – schlurrend. Hinter ihm fiel die Tür hart ins Schloß.

Da schlug Sabine die Hände vors Gesicht und fing an bitterlich zu weinen.

Rustand fuhr sich über die Stirn – zwei-, dreimal. Dann sagte er leise, beruhigend: „Aber Kind, was ist da zu weinen? Dein Großvater ist alt und hat viel Bitteres durch Frankreich erlebt. Alte Leute vergessen sich leicht und wissen nicht mehr recht, was sie sagen. Bist du so gut und rufst deinen Vater? Ich will ihn gleich um einen Wagen bitten. Du siehst ein, daß ich nun keinen Augenblick länger hierbleiben kann.“

Da ging Sabine zu ihrem Vater. In ihrem Gesicht aber stand ein harter, entschlossener Zug.

Dem Baron tat dieser ganze unliebsame Zwischenfall unendlich leid. Aber er sah ein, daß der General nach den Worten des Großvaters nicht länger im Hause bleiben mochte.

So bestellte er den leichten, bequemen Korbwagen und ein großes, helles Zimmer im Gasthaus „Zum weißen Hammel“.

Mit nassen Augen nahmen sie Abschied vom General. Viele im Haus hatten ihn gern gehabt.

Als Rustand sich vom Baron verabschieden wollte und sagte, er werde nie in seinem Leben den Dank für die hier genossene Gastfreundschaft abtragen können, wehrte der Baron lächelnd ab.

„Noch brauchen wir nicht Abschied voneinander nehmen, General, denn ich bringe Sie selbstverständlich mit Anton in Ihr neues Quartier, damit ich sehe, daß Sie mir da auch gut unterkommen. Und Anton bleibt fürs erste bei Ihnen, bis Sie selbst einen guten Diener gefunden haben. Solange Sie noch im Städtchen sind – denn es wird wohl noch eine Weile dauern, bis Sie nach Frankreich zurückkehren können – sehen wir täglich nach Ihnen. Das ist selbstverständlich."

Rustand hatte die Hand des Barons an seine Lippen gezogen. In seinen Augen standen Tränen.

Da kam Anton herein, um den Kranken im Rollstuhl vor die Haustür zu schieben, wo der Wagen schon wartete.

Vor dem Wagen stand Sabine, in Jacke und Mütze. Der Baron sah erstaunt aus.

„Du willst mitfahren, Kind?"

Sie sah den Vater groß an.

„Aber natürlich, Papa."

Da rollte Anton den Stuhl auf die Rampe. Und alle mußten daran denken, wie vor Wochen ein fast Sterbender hier in der Tragbahre hergebracht worden war.

Eben wollten Anton und Krischan den General

aus seinem Stuhl in die weichen Polster des Wagens heben, als der Krückstock des Großvaters auf den Fliesen klang. Da stand er auch schon selber in der Haustür. In seinem hageren, scharfen Gesicht lag ein großer Zorn. Sie fuhren bei seinem Anblick unwillkürlich alle zusammen.

Er reckte die Hand nach Sabine aus.

„Du bleibst hier."

Sabine wurde blaß und trat einen Schritt zurück.

„Warum, Großvater?"

„Weil ein deutsches Mädchen nichts bei einem Franzosen zu suchen hat."

„Großvater, ich will ja nur sehen, wie er in der Stadt unterkommt. In einer Stunde bin ich mit Vater zurück."

„Du bleibst hier!"

„Sabine", baten Rustand und der Baron leise, „bleibe lieber hier."

Da ging ein Zittern durch Sabines Körper. Sie trat dicht an den Stuhl des Generals heran.

Fest legte sie ihre Hand auf seine Schulter.

„Großvater, hier stehe ich, und hier gehöre ich hin. Ich kann es dir nicht ersparen, euch allen nicht. Wenn dieser Mann einst nach Frankreich zurückgeht, ziehe ich mit ihm, als seine Frau."

Sie hatte es mit stolzer, klingender Stimme gesagt.

Da nahm Rustand ihre Hand und zog sie an seine Lippen. Sie standen alle wie versteinert.

Nur aus der Kehle des alten Majors kam ein heiserer, gurgelnder Laut.

Der Baron hatte sich schwer auf die Brüstung gestützt. Er hatte es kommen sehen.

Da trat Sabine einen Schritt vor. Wie in heißem Bitten preßte sie die Hände ineinander.

„Vater, Großvater, seht, es kann doch keiner gegen seine Seele. Einmal mußte ich es euch doch sagen. Er kann nichts dafür. Er hat mir gesagt, daß er ein Franzose ist und ein Krüppel – das weiß ich alles, alles! Was hat das mit meiner Liebe zu tun? Seitdem ich weiß, daß er mich liebt, daß seine Seele meine Seele braucht – seitdem gehöre ich zu ihm."

In ihre Augen stiegen Tränen.

Noch immer hatte sie die Hände flehend zusammengepreßt.

Da sagte Rustand langsam – abgebrochen: „Ich kann nicht vor Euch treten, Ihr Herren von Wart, und um Euer Kind werben, wie es sonst ein Mann tun darf, der eine Frau liebt. Ich bin ein Krüppel, ich bin ein Feind Eures Landes, ich habe nichts als mein Schloß in Frankreich und mein Herz voll großer, heißer Liebe. Aber ich bin auch nur ein Mensch. Dem Menschen verzeiht, was der Franzose, der Krüppel gewagt hat: seine Augen zu Eurem Kind aufzuheben."

Das Gesicht des Großvaters war wie Stein. Jetzt öffnete er die Lippen: „Monsieur, Sie haben die

Gastfreundschaft seltsam vergolten, die man Ihnen wochenlang hier geboten hat. Ich habe nur ein einziges Wort für meine Enkelin, wenn sie mit dem Feind ihres Vaterlandes gehen will. Sabine, du warst eine Wart, von heute an bist du's nicht mehr."

„Vater!" schrie der Baron und stürzte auf den Greis zu, als wollte er ihn daran hindern, weiter zu sprechen.

Schneeweiß, mit keiner Wimper zuckend, stand Sabine hoch aufgerichtet neben Rustand.

Ihre Lippen bewegten sich, als wollte sie etwas sagen. Aber sie sagte nichts – kein Wort.

In die Totenstille, die einen Moment lang über ihnen lag, klang plötzlich der harte Hufschlag eines Pferdes.

Von der Stadt her kam ein Reiter über den Hof.

Erstaunt, verwundert, musterten seine Blicke die kleine Gruppe auf der Terrasse. Dann sprang er vom Pferd und eilte die Stufen nach oben.

Mitten unter den Seinen, schlank, blühend, mit leuchtenden Augen stand Jürgen Wart!

Da schrien alle auf.

Gingen auf der Terrasse von Alt-Reckow am hellen Frühlingstage Gespenster um?

Jürgen aber kniete vor dem Baron nieder und küßte seine Hände.

„Vater, Vater, es ist Wahrheit! Ich bin es! Euer Jürgen."

Der Baron taumelte und griff sich an die Stirn. Auf der stand kalter Schweiß. Der Großvater aber stand wie eine Steinsäule.

Er war der erste, der sprach.

„Du bist nicht in Stralsund gefallen?"

„Nein, Großvater – o, und da ist ja auch Tante Neldchen – nein, ich wurde nur verwundet und von guten Menschen versteckt gehalten! Aber das erzähle ich euch alles später – in Ruhe. Dann mußte ich mit nach Rußland. Da – o Gott, Sabine, da bist du ja auch. Und –"

Jürgen stürzte auf Rustands Stuhl zu und umklammerte ihn mit beiden Armen.

„O, da ist er ja, da ist er endlich, endlich, den ich in Rußland gesucht habe. Vater, Großvater, hört es alle, alle! Diesem Manne hier habt ihr es zu verdanken, daß ich heute lebend vor euch stehe. Zweimal hat er mir das Leben gerettet – aber das wird er euch wohl schon selber erzählt haben."

Schrittweise war der Großvater vorwärtsgekommen. Jetzt umkrallte er Jürgens Arm.

„Der da, Jürgen? Der Franzose da? Nein, der hat uns nichts erzählt. Der hat dir das Leben gerettet?"

Jürgen streichelte Rustands Linke, die zitternd auf der Decke lag.

„Wir waren Wachposten, draußen im Schnee, auf dem Rückmarsch. Viele Kameraden waren schon erfroren, tot. In der Nacht noch wäre ich wohl auch erfroren. Da kam Rustand mit wenigen Leuten vorbeigeritten. Er fand mich und nahm mich mit auf sein Pferd. Dann gab er mir sein letztes Stück Brot. Und dann, als die Kosaken kamen und alles sich wieder auf die Pferde warf, hat er mich auf sein Pferd gesetzt, damit ich gerettet würde. Er blieb allein zurück – und wurde für mich zum Krüppel geschossen. Ich kam dann auf Umwegen nach Deutschland, lag erst noch lange krank, so daß ich euch keine Nachricht schicken konnte. Nun will ich mich bei Lützows Freikorps anwerben lassen. Denn Preußens Freiheitsstunde hat geschlagen."

Stolz, zuversichtlich, siegend – so stand Jürgen Wart mitten auf der Terrasse.

Der Baron war neben Rustands Stuhl getreten. Über sein Gesicht rannen Tränen der Freude. Rustands Linke konnte er nur immer wieder drücken. Sagen konnte er nichts.

Langsam gingen die großen, stählernen Augen des greisen Majors von seinem Enkel zu Rustand, von Rustand zu seinem Enkel.

„Zusammengeschossen – für ihn – für unseren Jürgen."

Seine Lippen sprachen es langsam, schwer – wie um es sich tief in die Seele einzuprägen.

Dann nahm er den Dreispitz von der Perücke, daß der weiße Puder stäubte. Wie im Gebet senkte er den Kopf.

Darauf packte er Sabines Hände und legte sie auf Rustands Linke.

Der umschloß die Finger der Geliebten mit festem Griff.

„General, ich bitte Sie um Verzeihung für das, was ein alter Soldat Friedrichs des Großen im Zorn gesprochen hat. Sie haben mir meinen Enkel wiedergegeben. Hier, nehmen Sie dafür – meine Enkelin. Und Gottes Segen sei mit Euch, Kinder. Die Pferde kannst du wieder ausspannen, Krischan. Heute fährt doch keiner mehr zur Stadt."

Da zog Rustand Sabine zu sich herab und küßte sie.

Über ihnen am Dachfirst aber bauten die ersten Schwalben ihr Nest.

Und der Frühlingswind ging übers Land und küßte überall die Blumen wach – die kleinen unscheinbaren, blauen Blumen.